高校入試 10日でできる 地理

特長と使い方

◆1日4ページずつ取り組み，10日間で高校入試直前に弱点が克服でき，実戦力が強化できます。

試験に出る重要図表 図表の穴埋めを通して，重要な知識を身につけましょう。

Check / 記述問題 一問一答の問題と定番の記述問題を解いてみましょう。

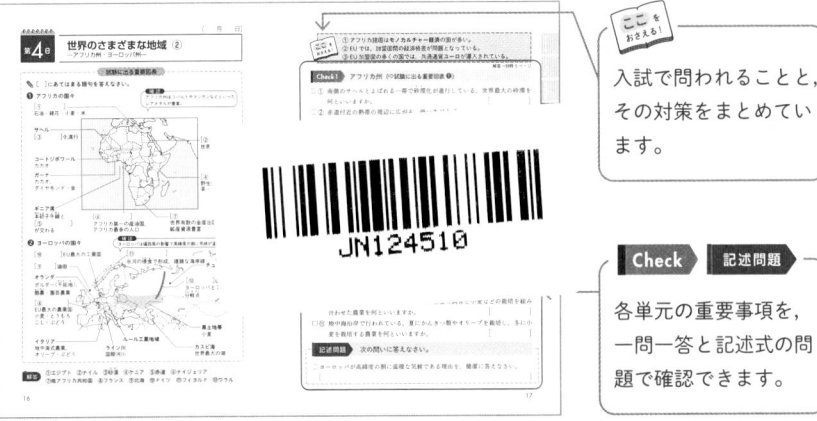

> **ここをおさえる!**
> 入試で問われることと，その対策をまとめています。

> **Check** **記述問題**
> 各単元の重要事項を，一問一答と記述式の問題で確認できます。

入試実戦テスト 入試問題を解いて，実戦力を養いましょう。

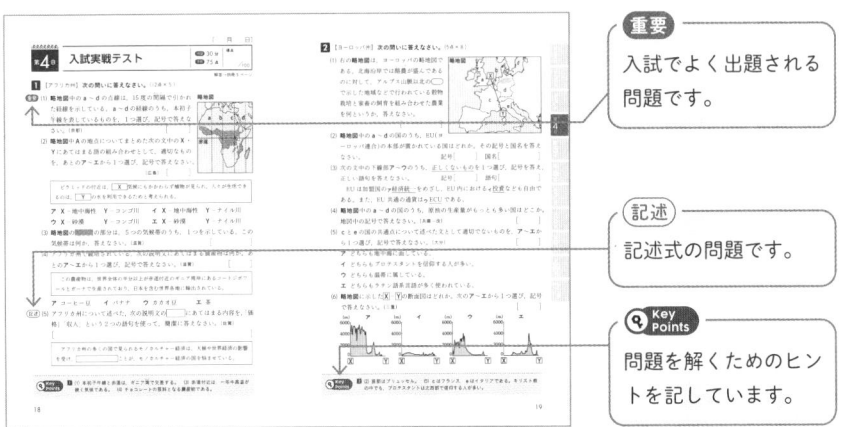

> **重要**
> 入試でよく出題される問題です。

> **記述**
> 記述式の問題です。

> **Key Points**
> 問題を解くためのヒントを記しています。

◆巻末には「総仕上げテスト」として，総合的な問題や，思考力が必要な問題を取り上げたテストを設けています。10日間で身につけた力を試しましょう。

目次と学習記録表

◆学習日と入試実戦テストの得点を記録して，自分自身の弱点を見極めましょう。

◆1回だけでなく，復習のために2回取り組むことでより理解が深まります。

本書に関する最新情報は，小社ホームページにある本書の「サポート情報」をご覧ください。(開設していない場合もございます。)
なお，この本の内容についての責任は小社にあり，内容に関するご質問は直接小社におよせください。

出題傾向

◆「社会」の出題割合と傾向

〈「社会」の出題割合〉

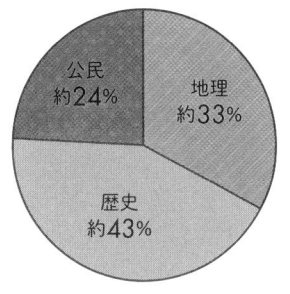

公民
約24%

地理
約33%

歴史
約43%

〈「社会」の出題傾向〉

- 3分野からバランスよく出題されている。
- 地図や写真，統計資料，歴史史料などを利用する設問が増えている。
- 記号選択が多く，次に用語記述が多い。また，多くの地域で文章記述問題が出題される。
- 地域によっては，大問の中で複数の分野にまたがる分野融合問題が出題される場合がある。

◆「地理」の出題傾向

- 世界の国々や地域構成，日本の領土や地域構成，資源や産業などが問われやすい。
- 地図や統計資料を読み取る問題が中心で，用語記述の問題はかなり少ない。
- 地域によっては，地形図の読み取りが毎年出題されたり，不定期に作図問題が出題されたりするなど，特異な出題傾向を示すので，注意が必要である。

合格への対策

◆教科書の内容を徹底的に復習しよう

地理の入試で問われる知識は，教科書レベルの内容が中心のため，「教科書の理解を深めること＝合格への王道」です。重要事項を地図や統計資料などとセットで整理し，覚えていくことが，得点力の向上には欠かせません。

◆入試問題を知り，慣れよう

- 教科書や参考書・問題集で理解したり，得たりした知識が，入試問題を解くときに使いこなせるかどうかを練習問題で確認しよう。
- 地域ごとに出題傾向がかなり異なるので，癖をよくつかんでおこう。

◆誤りの原因を分析→復習をくり返す→弱点をつぶして得点源に

- 誤った問題は，「なぜ，誤ったのか？」という原因を分析しよう。「重要事項を覚えていなかった」「ケアレスミス」など，原因はさまざまです。分析後，関係する基本事項を確認して解き直し，根気よく復習して弱点をつぶそう。
- 社会科は，短期間でよく復習して重要事項を記憶に定着させることが大切。

第1日 世界のすがた

✎ [　]にあてはまる語句を答えなさい。

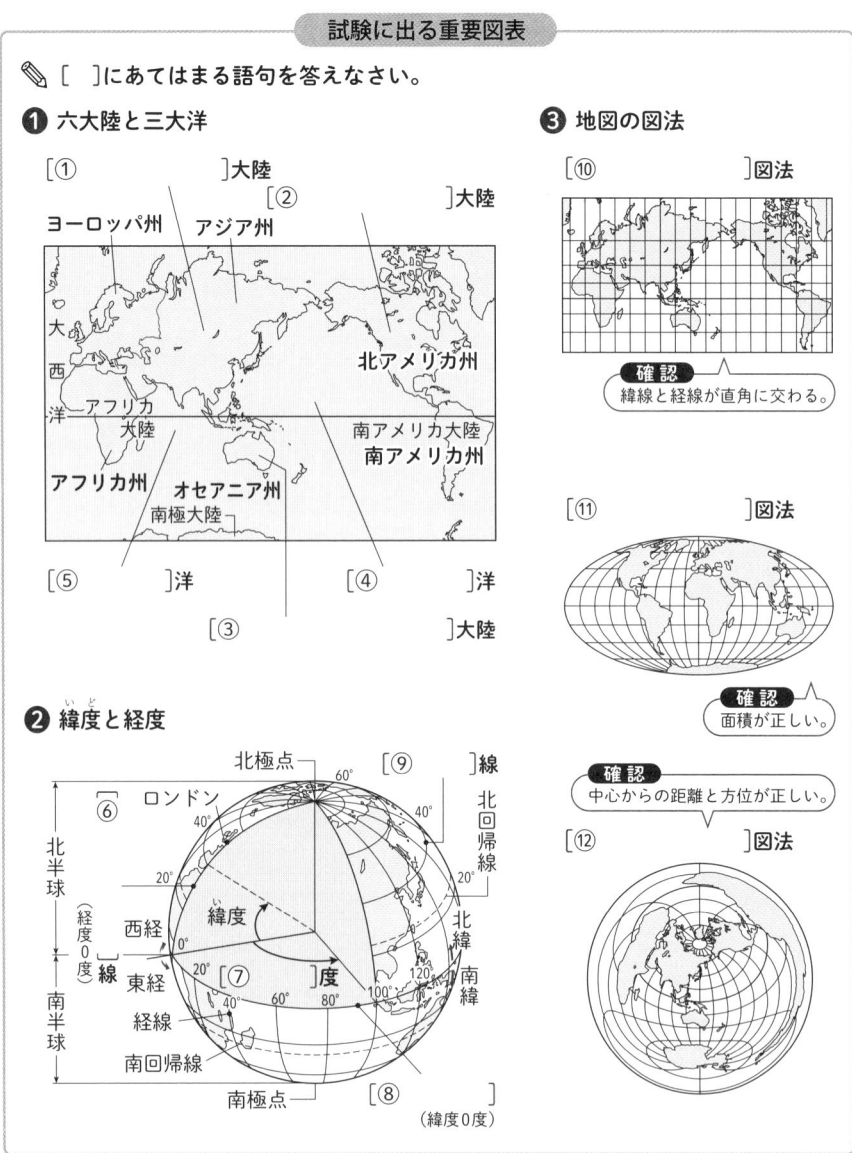

❶ 六大陸と三大洋

[①　　　　　]大陸
[②　　　　　]大陸
ヨーロッパ州　アジア州
北アメリカ州
南アメリカ大陸
南アメリカ州
アフリカ州　オセアニア州
南極大陸
[⑤　　　　]洋　[④　　　　]洋
[③　　　　　]大陸

❷ 緯度と経度

北極点　[⑨　　　]線
ロンドン
[⑥
北半球
北回帰線
西経　緯度
東経　[⑦　　]度
経線
南回帰線
南半球
南極点　[⑧　　　]
（緯度0度）

❸ 地図の図法

[⑩　　　　]図法

確認 緯線と経線が直角に交わる。

[⑪　　　　]図法

確認 面積が正しい。

確認 中心からの距離と方位が正しい。

[⑫　　　　]図法

解答 ①ユーラシア　②北アメリカ　③オーストラリア　④太平　⑤インド　⑥本初子午
⑦経　⑧赤道　⑨緯　⑩メルカトル　⑪モルワイデ　⑫正距方位

> ① **本初子午線**は経度０度の経線で，イギリスの**ロンドン**を通る。
> ② **赤道**は，アフリカ大陸の中央部，南アメリカ大陸の北部を通る。
> ③ オーストラリア大陸は，大陸が１つの国になっている。

解答→別冊１ページ

Check1　世界のすがた（⇨試験に出る重要図表 ❶）

□① 地球の陸と海の面積の割合比は，およそ３対いくらですか。[　　　]

□② アジア州をさらに５つに分けたとき，日本は何という地域に分けられますか。
[　　　]

□③ ４つの国が連合して成り立っているイギリスの国旗を何といいますか。
[　　　]

□④ スイスやモンゴルなど，すべての国境線が陸地にある国を総称して何といいますか。
[　　　]

□⑤ 日本やニュージーランドなど，すべての国境線が海上にある国を総称して何といいますか。
[　　　]

□⑥ 世界でもっとも面積が小さい，イタリアの首都ローマ市内にある国を何といいますか。
[　　　]

Check2　地球の位置（⇨試験に出る重要図表 ❷）

□⑦ 赤道よりも北を何といいますか。[　　　]

□⑧ 東京の位置を表したとき，北緯 36 度，[　　　]140 度で表される。[　　　]にあてはまる語句を答えなさい。
[　　　]

Check3　地球儀と世界地図（⇨試験に出る重要図表 ❸）

□⑨ 実際の地球を縮めた模型を何といいますか。[　　　]

□⑩ 緯線と経線が直角に交わる，赤道から遠く離れるほど面積が実際よりも大きく表される図法を何といいますか。
[　　　]

□⑪ モルワイデ図法は，何を正しく表していますか。[　　　]

□⑫ 正距方位図法は，地図の中心地点から各地点への方位と何を正しく表していますか。
[　　　]

記述問題　次の問いに答えなさい。

□アフリカ大陸には直線の国境線が多い。その理由を，簡潔に答えなさい。
[　　　]

第1日 入試実戦テスト

時間	30分	得点
合格	80点	/100

解答→別冊1ページ

1 【世界地図と世界のすがた・位置】**次の問いに答えなさい。**（10点×7）

重要 (1) **略地図Ⅰ**中の**W**で示された大洋を何というか，答えなさい。
〔和歌山〕 [　　　　　　　]

略地図Ⅰ

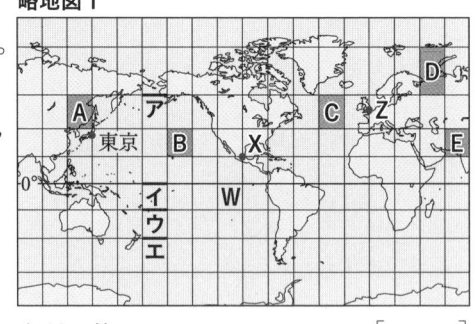

重要 (2) 緯度0度の緯線を何というか，漢字2字で答えなさい。
〔長野〕 [　　　　　　　]

(3) **略地図Ⅰ**上で同じ長さである**ア～エ**のうち，実際の距離が最長になるものを，1つ選び，記号で答えなさい。〔鹿児島―改〕 [　　　　　]

(4) **略地図Ⅰ**中の**X**は，メキシコのある地点を示している。地図中**X**の地点の位置の緯度・経度を，次の**ア～エ**から1つ選び，記号で答えなさい。**略地図Ⅰ**は経度，緯度ともに20度の間隔（かんかく）で描（えが）かれている。〔高知〕 [　　　　　]

　ア 北緯20度，東経100度　　**イ** 北緯20度，西経100度
　ウ 南緯20度，東経100度　　**エ** 南緯20度，西経100度

(5) **略地図2**は，中心（東京）からの距離と方位が正しい地図である。**略地図2**から読み取れることを次の**ア～エ**から1つ選び，記号で答えなさい。〔三重―改〕 [　　　　　]

略地図2

　ア **あ**の都市と**い**の都市は，同じ緯度に位置している。
　イ 中心から離（はな）れるほど，実際の面積より大きい。
　ウ 北極からブエノスアイレスの距離は約25000 kmである。
　エ 東京から東へ向かうと，最短距離でブエノスアイレスに着く。

🔑 **Key Points**

1 (3) 緯度が0度から離れるほど，実際の緯線の距離は引きのばされて描かれる。
(4) 本初子午線より西と東のどちらなのか，赤道より北と南のどちらなのかを考えよう。

(6) **略地図2**の**Y**は，世界の六大陸のうちの1つである。**Y**の大陸名を答えなさい。〔静岡〕 [   ]

(7) **略地図1**と**略地図2**の**Z**は，それぞれ地球上の同じ地点を示している。東京と地点**Z**を地球上において最短距離で結んだ場合，通過するのは，**略地図1**の**A～E**の範囲のうちではどれか。あてはまるものをすべて選び，記号で答えなさい。〔岡山〕 [   ]

2 【地球儀と世界のすがた】次の問いに答えなさい。(10点×3)

(1) 右の**図1**は，地球儀上にテープをおいているようすを描いたものである。テープ**A**とテープ**B**は直角に貼り合わせてあり，交じわったところに東京がある。テープ**A**は，経線に合わせてある。テープ**B**が通る**X**の地点は，東京から見て，どの方向にあるか。次の**ア～エ**から1つ選び，記号で答えなさい。〔岩手〕

[   ]

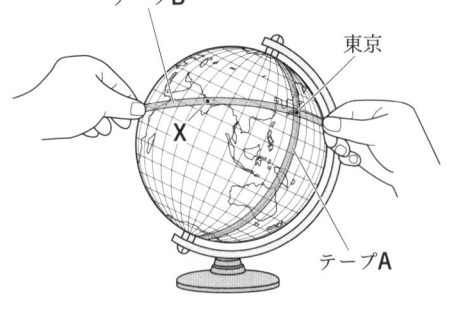

図1

テープB
東京
X
テープA

ア 東　　**イ** 西
ウ 南　　**エ** 北

(2) 右の**図2**は，地球儀を真上から見たもので，北極点を中心に北半球を表したものである。経線は本初子午線を基準として，30度間隔で表してある。次の①・②の問いに答えなさい。〔新潟〕

① **図2**中の**Y**は，3つの海洋のうちの1つである。**Y**の海洋を何といいますか。

[   ]

図2

Y
D
C
B
A

② **図2**中の**A～D**で示した経線のうち，南アメリカ大陸を通るものはどれか。**A～D**から1つ選び，記号で答えなさい。 [   ]

 **Key Points**

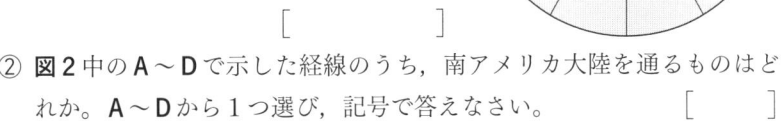

1 (7) **略地図2**で中心の東京と**Z**を直線で結んでみよう。
2 (2) ②南アメリカ大陸は，北アメリカ大陸より経度は東よりの南側にある。

第2日 日本のすがた

試験に出る重要図表

✎ [ ]にあてはまる語句を答えなさい。

確認
日本列島はおおよそ 3000 km にわたって連なる。

❶ 日本の地理的位置・領土

ロシアが不法に占拠
[②　　　　　　]

北朝鮮（きたちょうせん）

韓国（かんこく）が不法に占拠
[③　　　　　　]

尖閣諸島（せんかくしょとう）

日本の最西端（さいせいたん）
[④　　　　　　]

には領海，
接続水域も含まれる
[①　　　　　　]

ロシア

中国

日本海

韓国

東京

東シナ海

フィリピン

西之島（にしのしま）

日本の最南端
南鳥島（みなみとり）

オホーツク海

2000 km

太平洋

東京から
1000km

日本の最東端
南鳥島（みなみとり）
[⑤　　　　　　]

❷ 領　域

領空

[⑥　　] **海里以内**

大気圏（き）ん

領土

領海

排他的（はいた）経済水域

公海

[⑦　　　　]**海里以内**

❸ 日本の地域区分

[⑮　　　]地方

確認
中国地方の太平洋側を山陽，日本海側を山陰という。

[⑫　　　]地方
（北陸地方）

（中央高地）

[⑨　　　]地方

[⑭　　　]地方

[⑬　　　]地方

（東海地方）

[⑪　　　]地方

[⑩　　　]地方

[⑧　　　]地方

解答 ①排他的経済水域 ②北方領土 ③竹島（たけしま） ④与那国島（よなぐにじま） ⑤沖ノ鳥島（おきのとりしま） ⑥12 ⑦200
⑧九州 ⑨中国 ⑩四国 ⑪近畿（きんき） ⑫中部 ⑬関東 ⑭東北 ⑮北海道

① 日本は東経 122〜154 度，北緯 20〜46 度に位置する。
② 日本の標準時子午線は兵庫県明石市を通る。
③ 北方領土は択捉島，国後島，色丹島，歯舞群島から成る。

解答→別冊 2 ページ

Check1　日本の位置と領域（⇨試験に出る重要図表 ❶・❷）

□① 日本の領域の経度と同経度に位置する，日本の真南にある大陸を何といいますか。 [　　　　　　]

□② 日本の領土面積は，約何万 km² ですか。 [　　　　　　]

□③ 日本の領土と領海の上空で，大気圏内の領域を何といいますか。
[　　　　　　]

□④ 日本の領海の外側で，沿岸から 200 海里以内の水域を何といいますか。
[　　　　　　]

□⑤ 島根県に属する島だが，現在，韓国が不法占拠している島を何といいますか。 [　　　　　　]

□⑥ 現在，ロシアが不法占拠している，択捉島・国後島・色丹島・歯舞群島をまとめて何といいますか。 [　　　　　　]

□⑦ 沖縄県に属する日本固有の領土であるが，中国や台湾が領有権を主張している島々を何といいますか。 [　　　　　　]

Check2　時　差

□⑧ 日本の標準時子午線の経度は，何度ですか。 [　　　　　　]

□⑨ 地球は 24 時間で 360 度自転することから，1 時間の時差が生じるには何度の経度差が必要ですか。 [　　　　　　]

□⑩ 本初子午線を標準時子午線とするイギリスのロンドンと，東経 120 度の経線を標準時子午線とする中国の北京の時差は何時間ですか。 [　　　　　　]

Check3　日本の地域区分（⇨試験に出る重要図表 ❸）

□⑪ 現在の日本の都道府県の数はいくつですか。 [　　　　　　]

□⑫ 九州地方にあり，県名と県庁所在地名が異なる県は，どこですか。
[　　　　　　]

記述問題　次の問いに答えなさい。

□ 日本が国土面積の割に排他的経済水域が広い理由を，簡潔に答えなさい。
[　　　　　　]

第**2**日 **入試実戦テスト**

時間 30分　合格 75点　得点 ／100

解答→別冊 2 ページ

1 【日本の領域】右の略地図を見て，次の問いに答えなさい。(10点×4)

(1) **略地図**中の日本の南端**X**と，韓国が不法占拠する**Y**の組み合わせとして適切なものを，次の**ア〜エ**から 1 つ選び，記号で答えなさい。〔佐賀一改〕　[　　　　]

ア **X**－沖ノ鳥島　　**Y**－尖閣諸島

イ **X**－沖ノ鳥島　　**Y**－竹島

ウ **X**－南鳥島　　　**Y**－尖閣諸島

エ **X**－南鳥島　　　**Y**－竹島

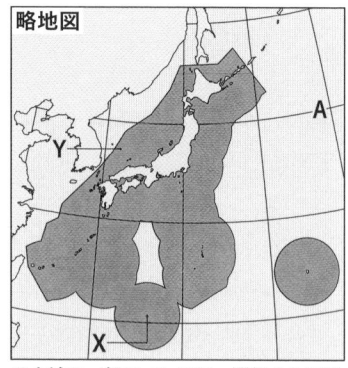

略地図

※水域の一部については，関係する近隣諸国と交渉中である。

重要 (2) **略地図**中の▨▨▨の範囲は，排他的経済水域であり，国連海洋法条約で海岸線から[　　　]海里以内の範囲と定められている。[　　　]にあてはまる数字を答えなさい。〔鳥取〕　[　　　　]

記述 (3) **略地図**中**X**の島は，波に侵食されないよう，政府が工事を行った。その理由を，排他的経済水域の特徴にふれて，簡潔に答えなさい。〔佐賀一改〕

[　　　　　　　　　　　　　　　　　　　　　　　　　　　　　　　]

(4) **略地図**中**A**が示している緯線として適切なものを，次の**ア〜エ**から 1 つ選び，記号で答えなさい。〔山形〕　[　　　　]

ア 北緯 20 度の緯線　　イ 北緯 30 度の緯線

ウ 北緯 40 度の緯線　　エ 北緯 50 度の緯線

2 【時差】次の会話文から，**B**さんが住んでいる位置を，略地図中のあ〜えから 1 つ選び，記号で答えなさい。(10点)〔秋田〕[　　　　]

Aさん：こんばんは。日本は今，午後 8 時だよ。

Bさん：こっちは今午前 8 時だよ。

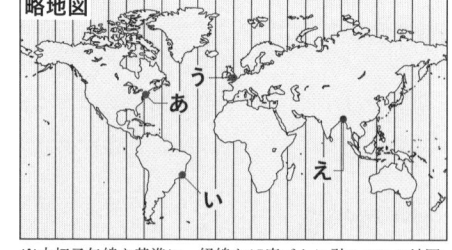

略地図

※本初子午線を基準に，経線を15度ごとに引いている地図。

Key Points　**1** (2) 領海は，海岸線から 12 海里。**2** あ〜えの都市は，日本より西側にあり，**B**さんのいる地点は，時差は日本と 12 時間で，日本よりも遅れている。

3 【日本の地域区分】右の略地図を見て，次の問いに答えなさい。(10点×5)

重要(1) 日本の標準時子午線と定められている東経135度の経線を，**略地図**中の**A〜D**から1つ選び，記号で答えなさい。〔愛知〕

[　]

(2) **略地図**中①〜④の各県について，県と県庁所在地の組み合わせとして適切でないものを，次の**ア〜エ**から1つ選び，記号で答えなさい。〔山形〕

[　]

　　ア ①の県と盛岡市
　　イ ②の県と前橋市
　　ウ ③の県と明石市　　**エ** ④の県と松山市

略地図

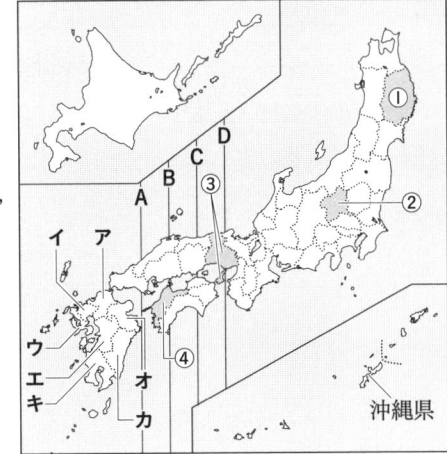

(3) 九州地方について，右の**資料Ⅰ**は小麦の都道府県別の収穫量の上位10道県を示した表である。**資料Ⅰ**の都道府県のうち，九州地方に含まれるすべての県について，それらの県の位置を，**略地図**中の**ア〜キ**からすべて選び，記号で答えなさい。〔長野〕

[　]

(4) 日本を7地方に区分したとき，近畿地方の範囲を示した地図として正しいものを，次の**ア〜エ**から1つ選び，記号で答えなさい。〔山口〕

[　]

資料Ⅰ (2021年)

	都道府県名
1	北海道
2	福 岡
3	佐 賀
4	愛 知
5	三 重
6	熊 本
7	群 馬
8	滋 賀
9	埼 玉
10	茨 城

(2022/23年版
「日本国勢図会」)

　　ア　　　　**イ**　　　　**ウ**　　　　**エ**

注 ——は，府境と県境を示している。

(5) 関東地方の都や県のうち，海に面していない都県の数を数字で答えなさい。〔千葉―改〕

[　]

- -

Key Points **3** (2) ①は岩手県，②は群馬県，③は兵庫県，④は愛媛県。
(3) **資料Ⅰ**の中に九州地方に属する県は3つある。　(4) 近畿地方は2府4県である。

11

第3日 世界のさまざまな地域 ①
—生活と環境・アジア州—

試験に出る重要図表

✎ [ ]にあてはまる語句を答えなさい。

❶ 世界の気候

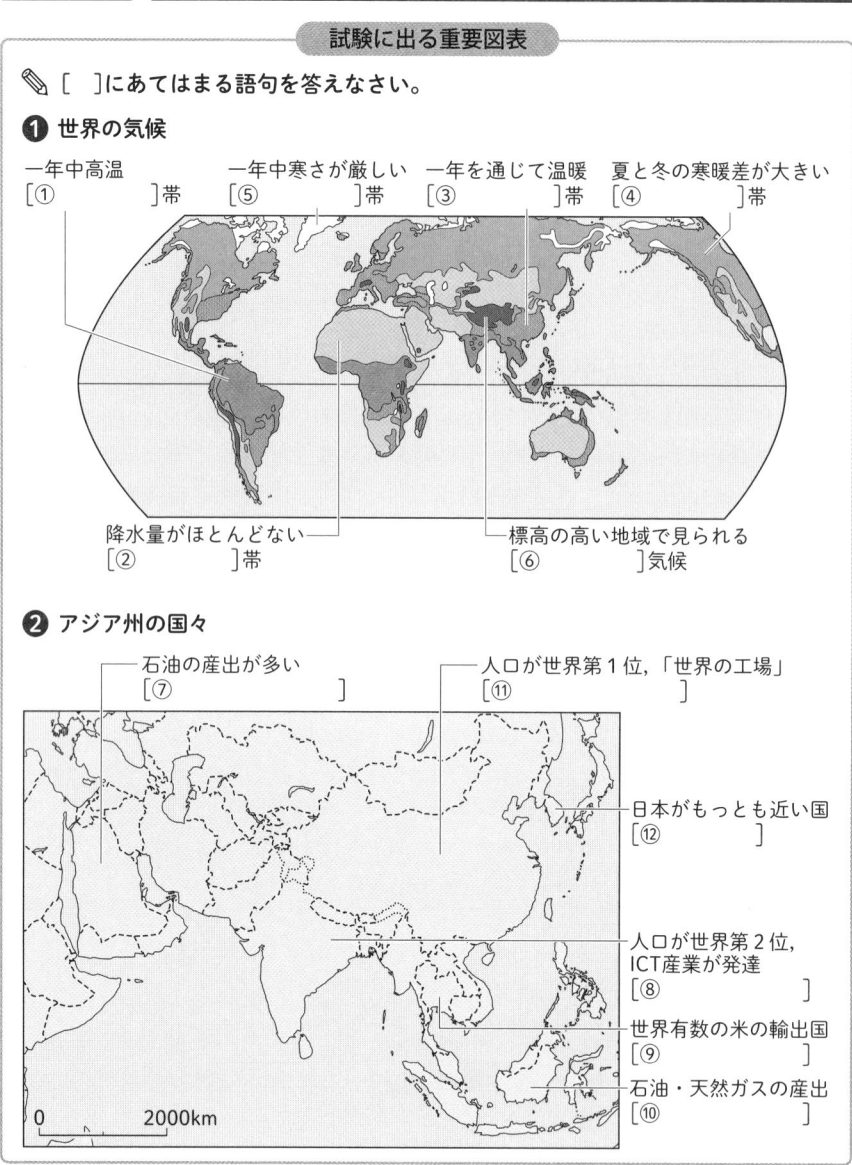

一年中高温
[①　　　]帯

一年中寒さが厳しい
[⑤　　　]帯

一年を通じて温暖
[③　　　]帯

夏と冬の寒暖差が大きい
[④　　　　　　]帯

降水量がほとんどない
[②　　　]帯

標高の高い地域で見られる
[⑥　　　]気候

❷ アジア州の国々

石油の産出が多い
[⑦　　　　　　　]

人口が世界第1位，「世界の工場」
[⑪　　　　　　]

日本がもっとも近い国
[⑫　　　　]

人口が世界第2位，
ICT産業が発達
[⑧　　　　]

世界有数の米の輸出国
[⑨　　　　]

石油・天然ガスの産出
[⑩　　　　]

0　　2000km

解答 ①熱　②乾燥（かんそう）　③温　④冷（亜寒）（あかん）　⑤寒　⑥高山　⑦サウジアラビア　⑧インド　⑨タイ　⑩インドネシア　⑪中国（中華人民共和国）（ちゅうか）　⑫韓国（大韓民国）（かんこく）

解答→別冊 4 ページ

Check1 　生活と環境 （⇨試験に出る重要図表 ❶）

□① 冷帯(亜寒帯)の地域で見られる，一年中凍ったままの土を何といいますか。

[　　　　　　　]

□② 冷帯(亜寒帯)の地域で見られる，針葉樹林からなる広大な森林のことを何
といいますか。　　　　　　　　　　　　　　[　　　　　　　]

□③ 温帯の中でも，夏は高温で乾燥し，冬は温和で一定の降水量がある気候を
何といいますか。　　　　　　　　　　　　　[　　　　　　　]

□④ 砂漠の中にある，水を得られる場所を何といいますか。　[　　　　　　　]

□⑤ 乾燥帯の地域で行われている，やぎや羊を飼い，水や草を求めて移動する
牧畜を何といいますか。　　　　　　　　　　　[　　　　　　　]

□⑥ ヨーロッパや南北アメリカ大陸でおもに信仰されている，日曜日に教会に
行く宗教を何といいますか。　　　　　　　　　[　　　　　　　]

□⑦ 西アジアやアフリカ大陸北部でおもに信仰されている，毎日メッカに向か
って祈りをささげる宗教を何といいますか。　　[　　　　　　　]

□⑧ 東アジアや東南アジアで信仰されている，経典が「〜経」である宗教を何
といいますか。　　　　　　　　　　　　　　　[　　　　　　　]

Check2 　アジア州 （⇨試験に出る重要図表 ❷）

□⑨ アジアの東部の気候に影響を与える，冬と夏で風向きが変わる風のことを
何といいますか。　　　　　　　　　　　　　[　　　　　　　]

□⑩ 中国の南東の沿岸部に設置されている，外国企業を積極的に受け入れる 5
つの都市・地区のことを何といいますか。　　　[　　　　　　　]

□⑪ 東南アジアに多い，かつて植民地として支配されていたときに開かれた，
商品作物をつくる大農園を何といいますか。　　[　　　　　　　]

□⑫ 東南アジア諸国連合の略称をアルファベットで答えなさい。[　　　　　　　]

記述問題　　次の問いに答えなさい。

□ 中国政府が西部大開発を行っている理由を，経済面から簡潔に答えなさい。

[　　　　　　　　　　　　　　　　　　　　　　　　　　　　]

第3日 入試実戦テスト

時間 30分　合格 75点　得点 /100

解答→別冊4ページ

1 【生活と環境】次の問いに答えなさい。（10点×4）

(記述) (1) **資料1**の建物は，**略地図**中シベ
リアにある。この建物が高床式
である理由を，「永久凍土」の語
句を用いて，答えなさい。〔沖縄〕

[　　　　　　　　　　]

略地図

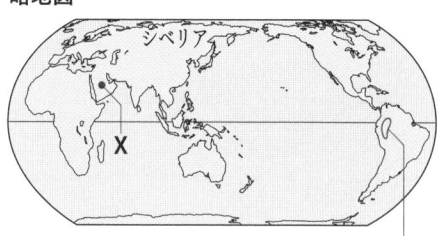

(2) **資料2**は，**略地図**中のアンデス
山脈周辺で見られる土地利用
を，模式的に表したものであ
る。リャマやアルパカの放牧
に利用されている区分として
適切なものを，**ア〜ウ**から1
つ選び，記号で答えなさい。〔熊本〕

[　　　　]

アンデス山脈周辺

資料1

資料2

(3) **資料3**は，**略地図**中の**X**で見られる伝統的な家屋であ
る。この家屋の説明として適切なものを，次の**ア〜エ**
から1つ選び，記号で答えなさい。〔兵庫〕 [　　　]

ア 遊牧に便利なよう，移動式の住居である。

イ 湿気が多いので，大きな窓がつくられている。

ウ 風通しを良くするため，高床で建てられている。

エ 日干しレンガでつくられている。

資料3

(4) 宗教に関して，イスラム教に関係するものを，次の**ア〜エ**の中からすべて
選び，記号で答えなさい。〔兵庫〕 [　　　　　　　]

ア ユダヤ教を発展させ，教えは「聖書（新約聖書）」にまとめられている。

イ 西アジアでおこり，北アフリカや中央アジア，東南アジアに広まった。

ウ インドでおこり，現在，南アジアでもっとも多くの人が信仰している。

エ 経典では，女性は肌や髪をかくしておくべきとされている。

> **Key Points**
> **1** (2) 標高が高く，農地に不向きな土地で，リャマやアルパカの放牧が行われている。
> (3) **略地図**中の**X**は乾燥帯に属する地域である。

2 【アジア州】次の問いに答えなさい。(10点×6)

重要 (1) 次の文中の①・②にあてはまる
語句を，1つずつ選びなさい。

〔兵庫〕 ①[　　　　]
②[　　　　]

> 船でアフリカ東岸から南アジア
> へ向かう場合，①[夏　　冬]ご
> ろであれば，追い風を受けて航海
> ができる。夏と冬で向きを変える
> この地域の風は②[モンスーン
> ハリケーン]と呼ばれる。

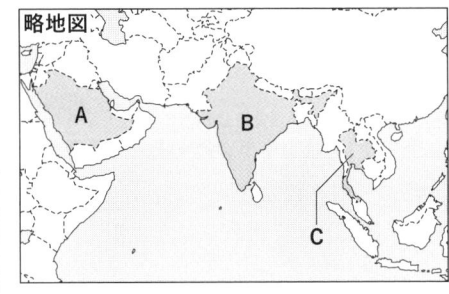

略地図

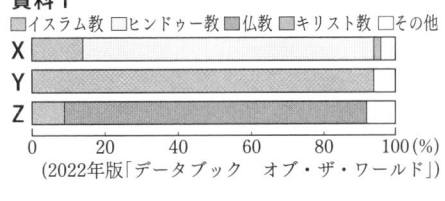

資料Ⅰ
■イスラム教 □ヒンドゥー教 ■仏教 ■キリスト教 □その他
X
Y
Z
0　20　40　60　80　100(%)
(2022年版「データブック　オブ・ザ・ワールド」)

(2) **資料Ⅰ**の**X〜Z**は，それぞれ**略
地図**中の**A〜C**の国の宗教別人
口構成を示している。**B・C**にあてはまるものを，**X〜Z**から1つずつ選
び，記号で答えなさい。〔兵庫―改〕　　　B[　　　] C[　　　]

(3) **略地図**中**B**の産業について述べた次の文**Ⅰ・Ⅱ**の正誤の組み合わせとして
適切なものを，あとの**ア〜エ**から1つ選び，記号で答えなさい。〔兵庫〕

Ⅰ 理数教育の高さを背景とし，ICT産業が発達している。　　　[　　　]
Ⅱ 自動車産業の分野では，日本をはじめ諸外国の企業が進出している。
ア Ⅰ−正　Ⅱ−正　　**イ** Ⅰ−正　Ⅱ−誤
ウ Ⅰ−誤　Ⅱ−正　　**エ** Ⅰ−誤　Ⅱ−誤

(4) 右の**資料2**の**a〜d**は，日本，中国，韓
国，ドイツのいずれかである。日本と韓
国の組み合わせとしてもっとも適切なも
のを，次の**ア〜エ**から1つ選び，記号で
答えなさい。〔三重〕　　　[　　　]

ア 日本−**b**　韓国−**a**
イ 日本−**b**　韓国−**d**
ウ 日本−**c**　韓国−**a**
エ 日本−**c**　韓国−**d**

資料2　5か国の自動車生産台数の推移

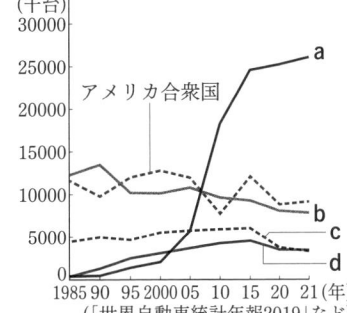

(千台)
アメリカ合衆国
1985 90 95 2000 05 10 15 20 21(年)
(「世界自動車統計年報2019」など)

🔍 Key Points　**2** (1) 夏は海洋から南西の風が，冬は大陸から北東の風が吹く。
(3) ICT産業とは情報通信技術産業のことである。

15

第4日 世界のさまざまな地域 ②
—アフリカ州・ヨーロッパ州—

試験に出る重要図表

[　]にあてはまる語句を答えなさい。

❶ アフリカの国々

> **確認**
> アフリカ州はコバルトやマンガンなどといった
> レアメタルが豊富。

[①　　　　]
石油・綿花・小麦・米

サヘル
[③　　　]化進行

コートジボワール
カカオ

ガーナ
カカオ,
ダイヤモンド・金

ギニア湾
本初子午線と
[⑤　　　　]
が交わる

[②　　　　]川
世界最長河川

[④　　　　]
野生動物の宝庫
茶・コーヒー

[⑥　　　　]
アフリカ第一の産油国,
アフリカ最多の人口

[⑦　　　　]
世界有数の金産出国,
鉱産資源豊富

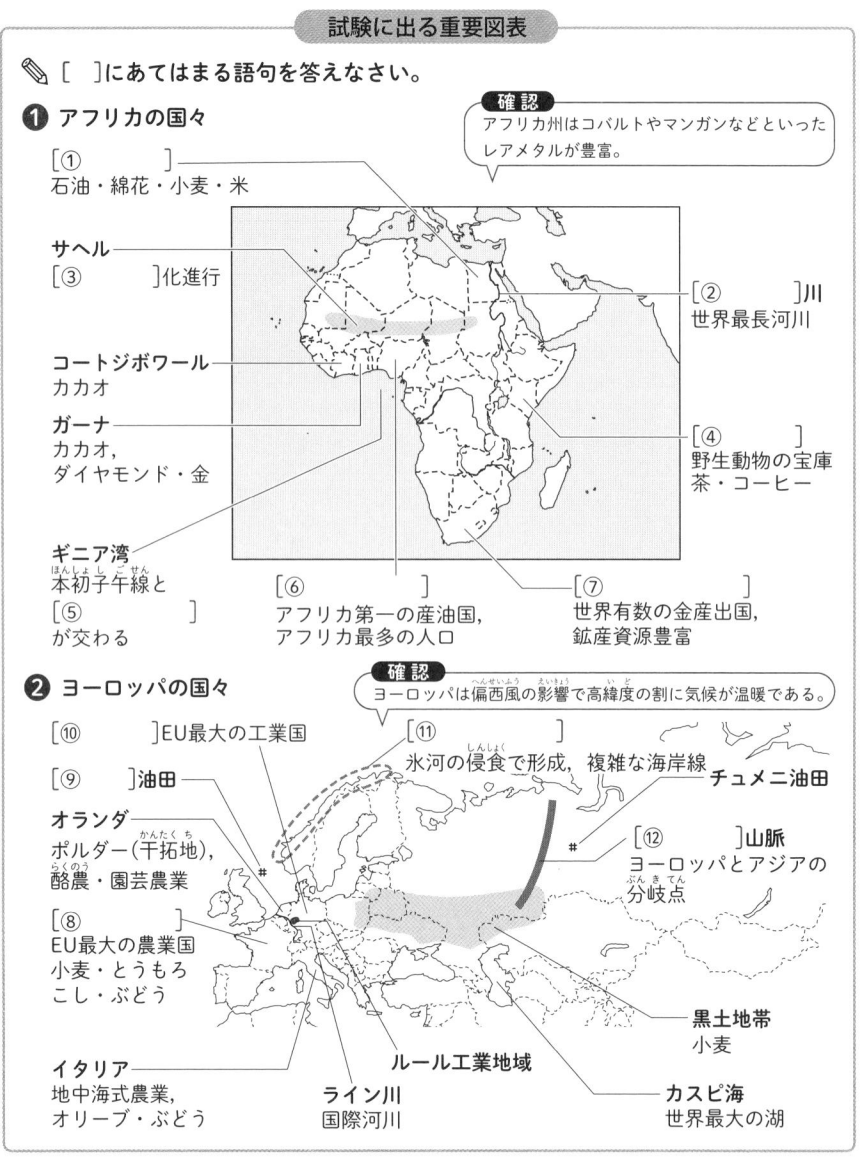

❷ ヨーロッパの国々

> **確認**
> ヨーロッパは偏西風の影響で高緯度の割に気候が温暖である。

[⑩　　　]EU最大の工業国

[⑨　　]油田

オランダ
ポルダー(干拓地),
酪農・園芸農業

[⑧　　]
EU最大の農業国
小麦・とうもろ
こし・ぶどう

イタリア
地中海式農業,
オリーブ・ぶどう

[⑪　　　　]
氷河の侵食で形成, 複雑な海岸線

チュメニ油田

[⑫　　　]山脈
ヨーロッパとアジアの
分岐点

黒土地帯
小麦

ルール工業地域

ライン川
国際河川

カスピ海
世界最大の湖

解答
①エジプト　②ナイル　③砂漠　④ケニア　⑤赤道　⑥ナイジェリア
⑦南アフリカ共和国　⑧フランス　⑨北海　⑩ドイツ　⑪フィヨルド　⑫ウラル

解答→別冊 5 ページ

Check1　アフリカ州（⇨試験に出る重要図表❶）

□① 南側のサヘルとよばれる一帯で砂漠化が進行している，世界最大の砂漠を何といいますか。　　　　　　　　　　　　　[　　　　　]

□② 赤道付近の熱帯の周辺に広がる，低い木がまばらに生えている草原を何といいますか。　　　　　　　　　　　　　　[　　　　　]

□③ かつて，アフリカの大部分は，ヨーロッパに［　　　　］として支配されていた。［　　　　］にあてはまる語句を答えなさい。　[　　　　　]

□④ アフリカで産出の多い，希少金属のことをカタカナで何といいますか。　　　　　　　　　　　　　　　　　　　　　[　　　　　]

□⑤ アフリカの国々などで見られる，特定の農産物や鉱産資源の輸出に国の経済を依存している経済を何といいますか。　[　　　　　]

□⑥ 南アフリカ共和国でかつて行われていた人種差別政策を何といいますか。　　　　　　　　　　　　　　　　　　　[　　　　　]

□⑦ アフリカ諸国が 2002 年に結成した地域統合を何といいますか。　　　　　　　　　　　　　　　　　　　　　　　[　　　　　]

Check2　ヨーロッパ州（⇨試験に出る重要図表❷）

□⑧ ヨーロッパの大部分の国が加盟しているヨーロッパ連合の略称を，アルファベットで答えなさい。　　　　　　　　[　　　　　]

□⑨ 2022 年現在，ヨーロッパ連合に加盟している国のうち，19 か国で導入されている共通通貨を何といいますか。　[　　　　　]

□⑩ アルプス山脈の北側で行われている，家畜の飼育と小麦などの栽培を組み合わせた農業を何といいますか。　　　[　　　　　]

□⑪ 地中海沿岸で行われている，夏にかんきつ類やオリーブを栽培し，冬に小麦を栽培する農業を何といいますか。　[　　　　　]

記述問題　次の問いに答えなさい。

□ ヨーロッパが高緯度の割に温暖な気候である理由を，簡潔に答えなさい。
[　　　　　　　　　　　　　　　　　　　　　　　　　　　　　　]

第4日 入試実戦テスト

時間 30分　合格 75点　得点 /100

解答→別冊 5 ページ

1 【アフリカ州】次の問いに答えなさい。(12点×5)

重要 (1) **略地図**中の **a 〜 d** の点線は，15 度の間隔(かんかく)で引かれた経線を示している。**a 〜 d** の経線のうち，本初子午線(ごしごせん)を表しているものを，1 つ選び，記号で答えなさい。〔京都〕　[　　　]

略地図

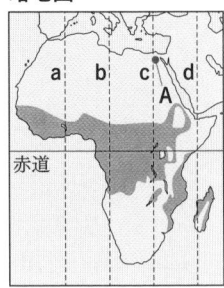

(2) **略地図**中 **A** の地点についてまとめた次の文中の **X・Y** にあてはまる語の組み合わせとして，適切なものを，あとの **ア〜エ** から 1 つ選び，記号で答えなさい。〔広島〕　[　　　]

> ピラミッドの付近は，| X |気候にもかかわらず植物が見られ，人々が生活できるのは，| Y |の水を利用できるためと考えられる。

ア X−地中海性　　Y−コンゴ川　　**イ** X−地中海性　　Y−ナイル川
ウ X−砂漠　　　　Y−コンゴ川　　**エ** X−砂漠　　　　Y−ナイル川

(3) **略地図**の ▓▓▓ の部分は，5 つの気候帯のうち，1 つを示している。この気候帯は何か，答えなさい。〔滋賀〕　[　　　]

(4) アフリカ州で栽培されている，次の説明文にあてはまる農産物は何か。あとの **ア〜エ** から 1 つ選び，記号で答えなさい。〔滋賀〕　[　　　]

> この農産物は，世界全体の半分以上が赤道付近のギニア湾岸にあるコートジボワールとガーナで生産されており，日本を含む世界各地に輸出されている。

ア コーヒー豆　　**イ** バナナ　　**ウ** カカオ豆　　**エ** 茶

記述 (5) アフリカ州について述べた，次の説明文の[　　　]にあてはまる内容を，「価格」「収入」という 2 つの語句を使って，簡潔に答えなさい。〔佐賀〕
[　　　　　　　　　　　　　　　　　　　　　　　　　　　　　]

> アフリカ州の多くの国で見られるモノカルチャー経済は，天候や世界経済の影響を受け，[　　　　　　]ことが，モノカルチャー経済の国を悩ませている。

Key Points　**1** (1) 本初子午線と赤道は，ギニア湾(わん)で交差する。　(3) 赤道付近は，一年中高温が続く気候である。　(4) チョコレートの原料となる農産物である。

2 【ヨーロッパ州】 次の問いに答えなさい。(5点×8)

(1) 右の**略地図**は，ヨーロッパの略地図である。北海沿岸では酪農（らくのう）が盛んであるのに対して，アルプス山脈以北の◯で示した地域などで行われている穀物栽培と家畜の飼育を組み合わせた農業を何というか，答えなさい。

［　　　　　　］

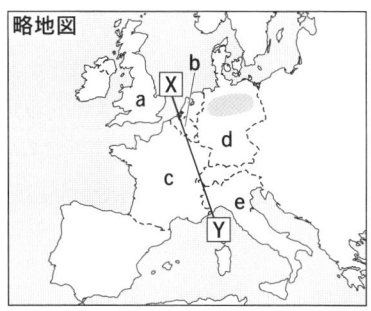

略地図

(2) **略地図**中の **a ～ d** の国のうち，EU(ヨーロッパ連合)の本部が置かれている国はどれか。その記号と国名を答えなさい。 記号［　　　］ 国名［　　　　　　］

(3) 次の文中の下線部**ア～ウ**のうち，正しくないものを1つ選び，記号を答え，正しい語句を答えなさい。 記号［　　　］ 語句［　　　　　　］

　EU は加盟国の_ア経済統一をめざし，EU 内における_イ投資なども自由である。また，EU 共通の通貨は_ウECU である。

(4) **略地図**中の **a ～ d** の国のうち，原油の生産量がもっとも多い国はどこか。地図中の記号で答えなさい。〔兵庫―改〕 ［　　　　　　］

(5) **c** と **e** の国の共通点について述べた文として適切でないものを，**ア～エ**から1つ選び，記号で答えなさい。〔大分〕 ［　　　　　　］

ア どちらも地中海に面している。

イ どちらもプロテスタントを信仰（しんこう）する人が多い。

ウ どちらも温帯に属している。

エ どちらもラテン語系言語が多く使われている。

(6) **略地図**に示した**X**－**Y**の断面図はどれか。次の**ア～エ**から1つ選び，記号で答えなさい。〔三重〕 ［　　　　　　］

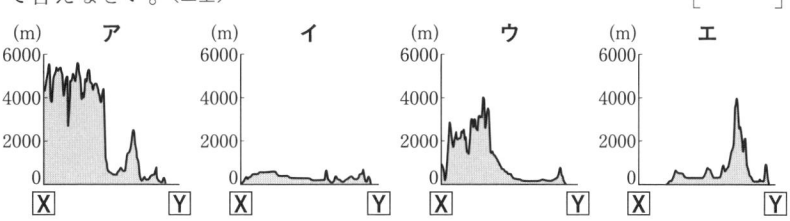

 **2** (2) 首都はブリュッセル。　(5) **c** はフランス，**e** はイタリアである。キリスト教の中でも，プロテスタントは北西部で信仰する人が多い。

19

第5日 世界のさまざまな地域 ③
―南北アメリカ州・オセアニア州―

試験に出る重要図表

✎ [ ]にあてはまる語句を答えなさい。

❶ アメリカ合衆国の自然・産業

確認 工業の中心地は北東部からサンベルトへ移った。

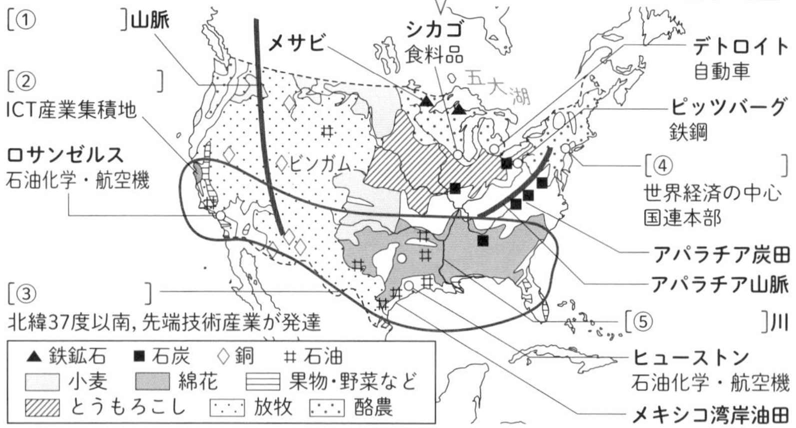

[① 　　　　　]山脈

メサビ

シカゴ 食料品

デトロイト 自動車

[② 　　　　　] ICT産業集積地

ピッツバーグ 鉄鋼

ロサンゼルス 石油化学・航空機

五大湖

ビンガム

[④ 　　　　　] 世界経済の中心 国連本部

アパラチア炭田

アパラチア山脈

[③ 　　　　　] 北緯37度以南,先端技術産業が発達

[⑤ 　　　　　]川

ヒューストン 石油化学・航空機

メキシコ湾岸油田

▲ 鉄鉱石　■ 石炭　◇ 銅　♯ 石油
□ 小麦　■ 綿花　≡ 果物・野菜など
▨ とうもろこし　∷ 放牧　∵ 酪農

❷ 南アメリカの自然・産業

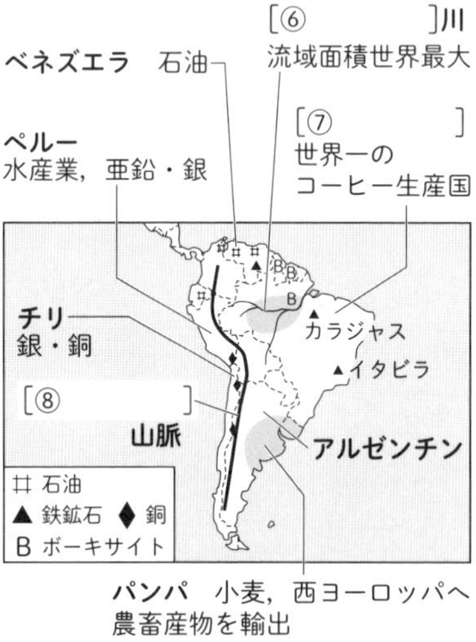

ベネズエラ　石油

[⑥ 　　　　　]川 流域面積世界最大

ペルー 水産業, 亜鉛・銀

[⑦ 　　　　　] 世界一の コーヒー生産国

チリ 銀・銅

カラジャス

▲イタビラ

[⑧ 　　　　　]山脈

アルゼンチン

♯ 石油
▲ 鉄鉱石　◆ 銅
B ボーキサイト

パンパ　小麦, 西ヨーロッパへ 農畜産物を輸出

❸ オーストラリアの自然・産業

グレートアーテジアン (大鑽井)盆地
グレートサンディー砂漠

グレートディバイディング山脈

東経140度 (東京とほぼ同じ)

ピルバラ 地区

マウント ホエール バック

マウント モーガン

モウラ

グレートビクトリア砂漠

▲鉄鉱石　□ [⑪ 　　　]
■石炭　□牧牛　▨小麦　■酪農

メルボルン オーストラリア第二の都市

[⑩ 　　　]首都

[⑨ 　　　] オーストラリア 最大の都市

解答　①ロッキー　②シリコンバレー　③サンベルト　④ニューヨーク　⑤ミシシッピ
⑥アマゾン　⑦ブラジル　⑧アンデス　⑨シドニー　⑩キャンベラ　⑪牧羊

解答→別冊 7 ページ

Check1 　北アメリカ州（⇨試験に出る重要図表 ❶）

□① 近年，アメリカで増加している，スペイン語を話すアメリカへの移民を何といいますか。 [　　　　　]

□② 広大なアメリカで，それぞれの土地や自然環境に適した農作物を栽培する農業の特色を何といいますか。 [　　　　　]

□③ 少ない労働力で広い面積を耕作するアメリカの農業の特色は何ですか。 [　　　　　]

□④ 世界中に拠点を持って活動する企業を何といいますか。 [　　　　　]

□⑤ サンベルトと呼ばれる工業地帯で盛んな，高い技術力を必要とする工業全般を何といいますか。 [　　　　　]

Check2 　南アメリカ州（⇨試験に出る重要図表 ❷）

□⑥ 南アメリカ州の多くの国で使用されている，かつて南アメリカ州の多くを植民地として支配していた国の言語は何ですか。 [　　　　　]

□⑦ アマゾン川流域の開発が進み，広大な熱帯森が破壊されることで心配されている地球環境問題は何ですか。 [　　　　　]

□⑧ 森林を焼いた灰を肥料として行う農業を何といいますか。 [　　　　　]

Check3 　オセアニア州（⇨試験に出る重要図表 ❸）

□⑨ オーストラリアなどの大規模な鉱山で行われている，鉱産資源を直接掘って取り出す方法を何といいますか。 [　　　　　]

□⑩ オーストラリアがめざしている，多くの民族が共生・共存し，それぞれの文化を尊重する社会を何といいますか。 [　　　　　]

□⑪ ニュージーランドの先住民を何といいますか。 [　　　　　]

記述問題 　次の問いに答えなさい。

□ サンベルトで工業が発達した理由を，「土地」「労働力」の 2 語を使って，簡潔に答えなさい。
[　　　　　　　　　　　　　　　　　　　　　　　　　　　　　]

入試実戦テスト

解答→別冊7ページ

1 【北アメリカ州】次の問いに答えなさい。（12点×4）

(1) アメリカ合衆国のプレーリーと
よばれる肥よくな土壌地帯には，
小麦畑が広がっている。このプ
レーリーにあてはまる地域を，
右の**略地図**中の**A〜C**の◯◯
から1つ選び，記号で答えなさ
い。〔広島大附高—改〕[　　　]

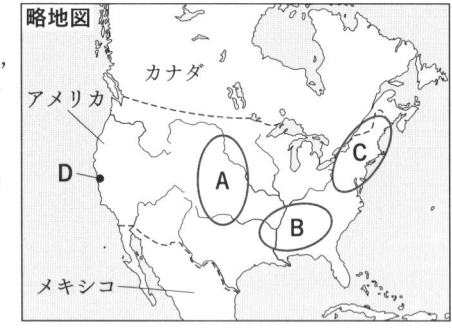

略地図

カナダ
アメリカ
メキシコ

(2) **略地図**中の**D**のサンフランシス
コ郊外に広がる，情報通信技術産業が集まっている地域を何といいますか。

[　　　　　]

(3) **略地図**中の国々について，次の問いに答えなさい。〔青森〕

① アメリカ合衆国で暮らす移民について述べた，次の文中の[　　　]にあ
てはまる語句を答えなさい。　　　　　　　　　　　　　[　　　　　]

> メキシコ，中央アメリカ，西インド諸島などからやってきた[　　　]を話す移
> 民はヒスパニックとよばれ，重労働の職場で低い賃金で働く人が少なくない。

（記述）② 右の**資料**は，カナダ，アメ
リカ合衆国，メキシコの貿
易相手国を示している。こ
の3か国の関係について，
資料を参考にして，「カナ
ダ・アメリカ合衆国・メキ
シコの3か国の国は，」に
続けて，「貿易協定」「経済」
の2語を使って，簡潔に答えなさい。

資料

カナダ 輸出入合計8186億ドル

| アメリカ60.6% | 中国9.7 | イギリス2.6 | その他21.3 |

メキシコ3.4　日本2.4

アメリカ 輸出入合計3兆7682億ドル

| 中国14.9% | カナダ14.3 | メキシコ14.0 | その他47.3 |

日本4.9　ドイツ4.6

メキシコ 輸出入合計1584億ドル

| アメリカ62.8% | 中国10.4 | 韓国2.5 | その他19.3 |

ドイツ2.6　カナダ2.4

(2020年)　(IMF Data「Direction of Trade Statistics」)

[　　　　　　　　　　　　　　　　　　　　　]

Key Points　**1** (1) ミシシッピ川流域に広がる中央平原や，ロッキー山脈の東側に広がるグレート
プレーンズと混同しないようにする。

2 【南アメリカ州】次の問いに答えなさい。(8点×4)

(記述)(1) ブラジルの都市について述べた，次の文の**W**にあてはまる内容を簡潔に答えなさい。また，**X**にあてはまる語句を答えなさい。〔佐賀一改〕

W [   ]   X [   ]

> ブラジルの都市では，[W] ことをおもな目的として，経済的に貧しい人々が集まり，[X] と呼ばれる居住環境の悪い地域が形成されることがある。

(重要)(2) 右の**表**は，次の説明文中の**Y**の作物生産量について，世界の国別生産量，日本の都道府県別生産量を示したものである。**Y**にあてはまる農作物と，**Z**にあてはまるもっとも適切な語句をそれぞれ答えなさい。〔沖縄〕

表

	世界 (2019年)	日本 (2020年)
1位	ブラジル	沖縄県
2位	インド	鹿児島県
3位	タイ	

(2021/22年版「世界国勢図会」など)

Y [   ]   Z [   ]

> ブラジルでは，[Y] から [Z] 燃料を生産している。[Z] 燃料は，おもに植物を原料とするため，燃やしても大気中の二酸化炭素を増やさないとされている。

3 【オセアニア州】次の問いに答えなさい。(10点×2)

(重要)(1) **略地図**中の**ア〜エ**は，オーストラリアの金，石炭，鉄鉱石，ボーキサイトのいずれかのおもな産地を示したものである。これらのうち，石炭を示すものを，**略地図**中の**ア〜エ**から1つ選び，記号で答えなさい。〔岩手一改〕　[   ]

略地図

ア ▲
イ ◎
ウ ◇
エ ■

(記述)(2) 右の**資料**は，オーストラリアの1960年と2017年の貿易相手国を比較したものである。このグラフからわかる，オーストラリアの貿易相手国の変化について，簡潔に答えなさい。〔群馬一改〕

資料

	アメリカ	フランス4.0
1960年 42億ドル	イギリス 31.0% 12.1 9.5	その他 38.5
	日本	西ドイツ4.9
	日本	(台湾)4.2
2017年 4586億ドル	中国 34.8% 9.4 8.3	その他 38.5
	アメリカ	韓国4.8

0 20 40 60 80 100(%)

*金額は輸出入総額。

(IMF Data「Direction of Trade Statistics」)

[   ]

Key Points　**2** (1) Xは急な都市化に環境の整備が追いつかないことから形成される。　**3** (2) 昔はイギリスとその関連国との関係が深かったが，近年は距離的に近い国々と関係が深い。

23

第6日　地域調査の手法

試験に出る重要図表

✎ [　]にあてはまる語句を答えなさい。

❶ 地図記号

> **確認**
> 地図記号は示す情報を図案化している。

‖‖ [①　　　]	
˅˅˅ 畑・牧草地	
◌◌ [②　　　]	
ⵄⵄ 桑畑 (くわ)	
∴∴ 茶畑	
∘∘ その他の樹木畑	
ᵒᵒ [③　　　]	
ᴧᴧ 針葉樹林	
˄˄ 竹林	
˄˄ ささ地	
ⴵⴵ [④　　　]	
══ トンネル ┅┅ 道路	

◎ 市役所／東京都の区役所
○ 町・村役場／指定都市の区役所
♂ 官公署
⊗ 警察署
Ⅹ 交番
Ⴉ [⑤　　　]
⊖ [⑥　　　]
⚙ [⑦　　　]
⚙ 発電所等
✦ [⑧　　　]
⊗ 高等学校
⊞ 病院
⊺ [⑨　　　]
卍 寺院
∩ 記念碑 (とう)
Ⴠ 電波塔
✲ 灯台
血 [⑩　　　]
⑪ [⑪　　　]
⑫ [⑫　　　]

凸 城跡 (しろあと)
∴ 史跡・名勝
∵ 天然記念物
♨ 温泉・鉱泉
⚘ 風車
⌂ 自然災害伝承碑
⚓ 漁港
△52.6 三角点
▫21.7 水準点

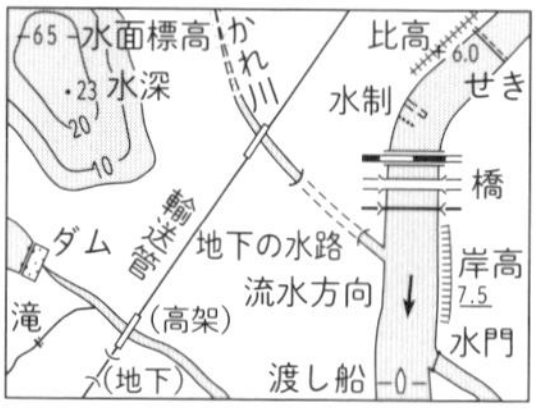

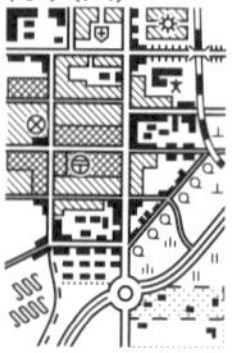

水面標高 比高
水深 水制 せき
橋
ダム 地下の水路 岸高
滝 (高架) 流水方向 水門
(地下) 渡し船

(小)(大)
建物 立体交差
中高層建物(大) 墓地
建物の密集地 道路の分離帯等
中高層建築街
温室・畜舎タンク等 樹木に囲まれた居住地 空き地

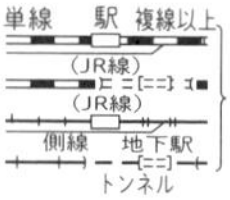

単線 駅 複線以上
(JR線)
普通鉄道 (ふつう)
側線 地下駅
トンネル

—·—·—· [⑬　　　]界
————— 北海道の支庁界
—··—··— 郡・市界，東京都の区界
—···—···— 町・村界，政令指定都市の区界

❷ 等高線

等高線		2万5千分の1	5万分の1
〜	[⑭　　　]線	50mごと	100mごと
〜	主曲線	[⑮　　]mごと	20mごと

解答　①田　②果樹園　③広葉樹林　④荒地　⑤消防署　⑥郵便局　⑦工場　⑧小・中学校　⑨神社　⑩博物館(美術館)　⑪図書館　⑫老人ホーム　⑬都・府・県　⑭計曲　⑮10

① 地域調査は文献調査や聞き取り調査などで行う。
② 交番 X と警察署⊗, 小・中学校 X と高等学校 ⊗に注意。
③ 2万5千分の1地形図上での1cmは250m。

解答→別冊9ページ

Check1 地形図（⇨試験に出る重要図表 ❶）

□① 2万5千分の1などの地形図を発行しているのは，国土交通省の何という
機関ですか。 [   ]

□② 何分の1という地図の縮尺の分母がより大きい地図の方が，より小さい地
図に対して，縮尺が「大きい」というか「小さい」といいますか。

[   ]

Check2 地図記号（⇨試験に出る重要図表 ❶）

□③ 地図記号の ∨∨∨ は，どのような土地利用を表しますか。 [   ]

□④ 地図記号の ∘∘∘ は，どのような土地利用を表しますか。 [   ]

□⑤ 地図記号の ∴∴∴ は，どのような土地利用を表しますか。 [   ]

□⑥ 地図記号の ∧∧∧ は，何を表しますか。 [   ]

□⑦ 地図記号の ⊞ は，何を表しますか。 [   ]

□⑧ 地図記号の ⊗ は，何を表しますか。 [   ]

□⑨ 地図記号の ⊗ は，何を表しますか。 [   ]

□⑩ 地図記号の ⊣ は，何を表しますか。 [   ]

□⑪ 地図記号の ◎ は，何を表しますか。 [   ]

□⑫ 地図記号の ⧌ は，何を表しますか。 [   ]

Check3 縮　尺（⇨試験に出る重要図表 ❶）

□⑬ 地形図上の長さから実際の距離を算出するには，地形図上の長さに分数で
表された縮尺の何をかければよいですか。 [   ]

記述問題 次の問いに答えなさい。

□ 等高線の間隔がどうなると傾斜が急となるか，答えなさい。

[

]

第6日　入試実戦テスト

解答→別冊9ページ

1 【地形図の読図】図1・図2を見て，次の問いに答えなさい。（10点×3）〔群馬一改〕

重要 (1) 図1中の**あ**地点と**い**地
点との標高差を，次の
ア〜ウから1つ選び，
記号で答えなさい。

[　　　　]

ア 80 m　　**イ** 120 m
ウ 160 m

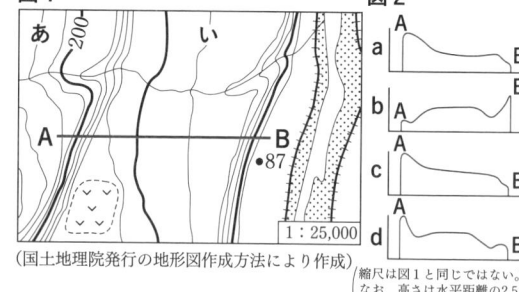

図1　（国土地理院発行の地形図作成方法により作成）

図2　（縮尺は図1と同じではない。なお，高さは水平距離の2.5倍の割合で表している。）

(2) 図1の**A—B**の断面図
を，図2の**a〜d**から1つ選び，記号で答えなさい。また，このような地
形を何というか，答えなさい。　　記号[　　　] 地形[　　　　　　　]

2 【地形図の読図】右の地形図中の東萩駅（X）から萩橋（Y）を通り，最短ルート
で萩城跡（Z）まで歩いていく場合，その途中で見られるようすについて述べ
たものとして正しいものを，**ア〜エ**から1つ選び，記号で答えなさい。（20点）

〔愛媛一改〕　[　　　　]

ア 萩橋を渡って進む
と，右手に2つの
学校があり，やが
て警察署が見える。

イ 萩橋を渡って右手
に工場を見ながら
川沿いに進むと，
やがて港の灯台が
見える。

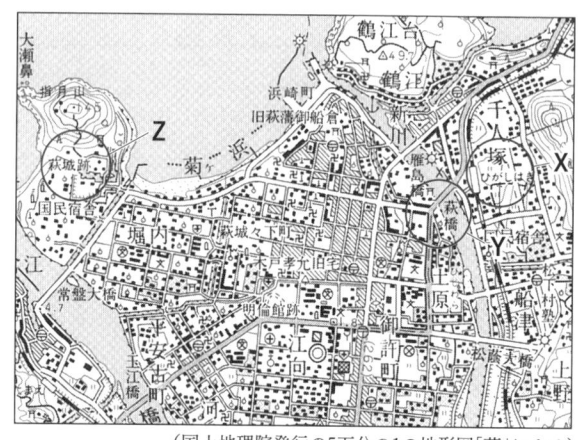

（国土地理院発行の5万分の1の地形図「萩」による）

ウ 萩橋を渡り交差点
を右折して進むと市役所の正面が間近に見える。

エ 萩橋を渡って進むと，家並みが続き，やがて左右にいくつかの寺院が見える。

Key Points　**1** (1) 2万5千分の1地形図は10mおきに等高線（主曲線）が引かれ，50mおきに太
い等高線（計曲線）が引かれる。

3 【地形図の読図】次の地形図は，広島市の２万５千分の１地形図の一部である。あとの説明文のＸ・Ｙにあてはまる語句や数字を答えなさい。(10点×2)

〔大分〕

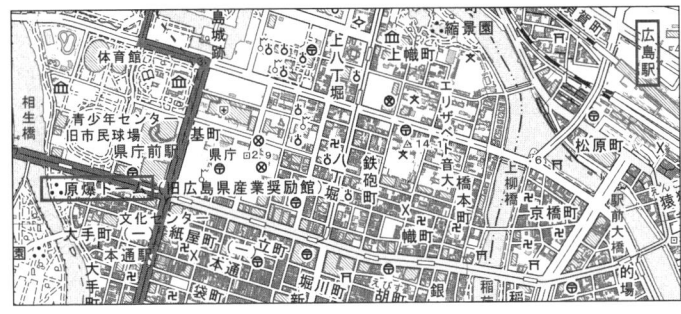

〔国土地理院２万５千分の１地形図「広島北部」を使用〕

X [　　　　]

Y [　　　　]

・広島駅から見た原爆ドームの方角は，十六方位では　**X**　であり，歩いた道のりは地形図上で約９cmだったので，実際には，約　**Y**　kmである。

4 【地形図の読図】右の地形図から読み取った次の①〜③の内容について，正しいものには「正」を，誤っているものには「誤」で答えなさい。

(10点×3)〔熊本〕

① [　　　　]
② [　　　　]
③ [　　　　]

① 南海士，浪花団地の南には，果樹園が見られる。

② 鳥取砂丘トンネルの周辺には荒地が広がっている。

③ 郵便局から直線距離で１kmの範囲内に寺院がある。

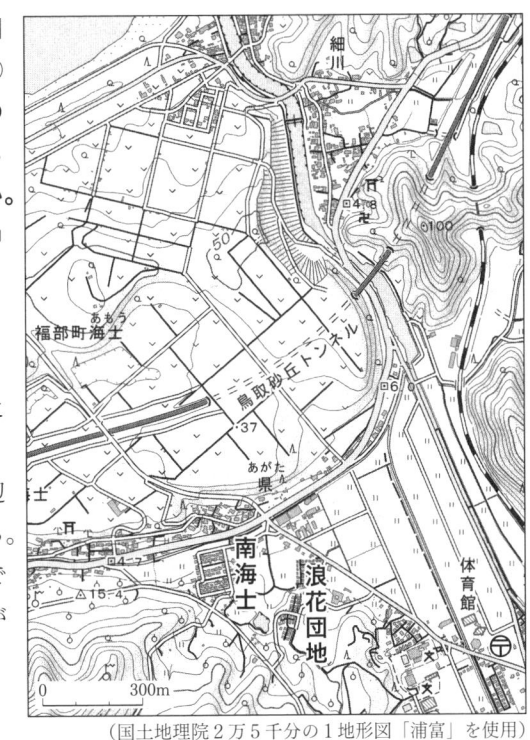

(国土地理院２万５千分の１地形図「浦富」を使用)

第7日 日本の地域的特色 ①
―自然環境，人口，資源・エネルギー―

試験に出る重要図表

✎ [　]にあてはまる語句を答えなさい。

❶ 日本の自然環境

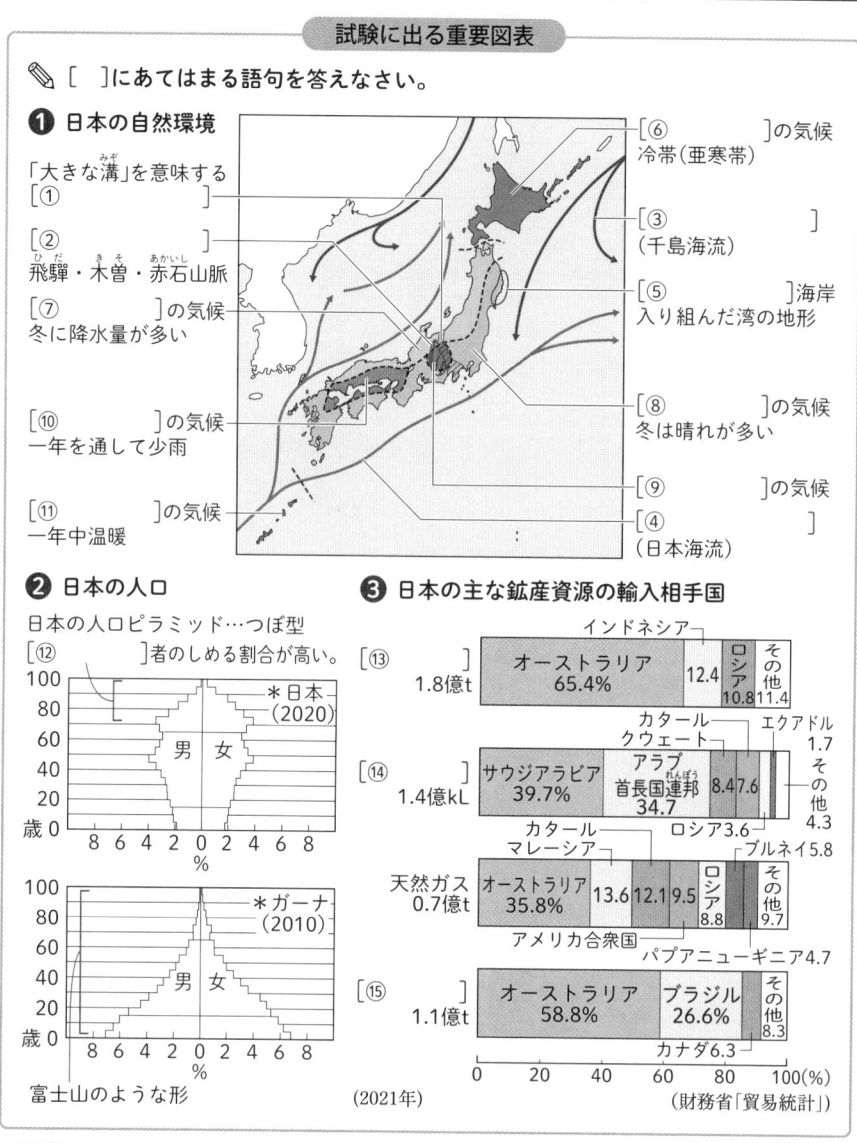

「大きな溝」を意味する
[①　　　　　　]

飛驒・木曽・赤石山脈
[②　　　　　　]

[⑦　　　　　　]の気候
冬に降水量が多い

[⑩　　　　　　]の気候
一年を通して少雨

[⑪　　　　　　]の気候
一年中温暖

[⑥　　　　　　]の気候
冷帯(亜寒帯)

[③　　　　　　]
(千島海流)

[⑤　　　　　　]海岸
入り組んだ湾の地形

[⑧　　　　　　]の気候
冬は晴れが多い

[⑨　　　　　　]の気候

[④　　　　　　]
(日本海流)

❷ 日本の人口

日本の人口ピラミッド…つぼ型
[⑫　　　　　　]者のしめる割合が高い。

*日本
(2020)
男　女
%

*ガーナ
(2010)
男　女
%

富士山のような形

❸ 日本の主な鉱産資源の輸入相手国

[⑬　　　] 1.8億t
オーストラリア 65.4%　| インドネシア 12.4 | ロシア 10.8 | その他 11.4

[⑭　　　] 1.4億kL
サウジアラビア 39.7%　| アラブ首長国連邦 34.7 | 8.4 | 7.6 | ロシア3.6 | エクアドル1.7 | その他 4.3
カタール／クウェート

天然ガス 0.7億t
オーストラリア 35.8%　| マレーシア 13.6 | 12.1 | 9.5 | ロシア8.8 | ブルネイ5.8 | その他 9.7
カタール／アメリカ合衆国／パプアニューギニア4.7

[⑮　　　] 1.1億t
オーストラリア 58.8%　| ブラジル 26.6% | カナダ6.3 | その他 8.3

0　20　40　60　80　100(%)

(2021年)　(財務省「貿易統計」)

解答
①フォッサマグナ　②日本アルプス　③親潮　④黒潮　⑤リアス　⑥北海道
⑦日本海側　⑧太平洋側　⑨内陸性(中央高地)　⑩瀬戸内　⑪南西諸島　⑫高齢
⑬石炭　⑭石油　⑮鉄鉱石

ここを
おさえる！
① 日本の国土の約4分の3が山地と丘陵地である。
② 日本の大部分は温帯で，北海道は冷帯（亜寒帯），南西諸島は亜熱帯。
③ 日本は先進諸国の中でも，少子高齢化が進んでいる。

解答→別冊10ページ

Check1　自然環境（⇨試験に出る重要図表❶）

□① 河川が山から平地や盆地に出るところにつくられる，扇形の地形を何といいますか。　[　　　　　　]

□② 河川が海や湖に出るところに土砂が堆積してつくられる，三角形の地形を何といいますか。　[　　　　　　]

□③ 日本列島の季節に影響を与える，夏と冬で吹く向きが変わる風を何といいますか。　[　　　　　　]

□④ 自然災害などの被害想定地域や避難路を示した地図を何といいますか。

[　　　　　　]

Check2　人　口（⇨試験に出る重要図表❷）

□⑤ 出生率が低下して子どもの数が減り，高齢者の割合が高くなることを何といいますか。　[　　　　　　]

□⑥ ある一定の面積に住む人口を何といいますか。　[　　　　　　]

□⑦ 人口が集中し，ごみや騒音などの都市問題が出てくる状態を何といいますか。　[　　　　　　]

□⑧ 人口が減少し，経済活動が衰退することで，地域社会の維持が難しくなる状態を何といいますか。　[　　　　　　]

Check3　資源・エネルギー（⇨試験に出る重要図表❸）

□⑨ 二酸化炭素などの温室効果ガスの増加によって，地球の温度が上がる地球環境問題を何といいますか。　[　　　　　　]

□⑩ 太陽光や地熱，風力，バイオマスなどの，何度もくり返して使用できるエネルギーのことを何といいますか。　[　　　　　　]

□⑪ 資源を有効に活用するため，ごみを回収し，資源として再利用することを何といいますか。　[　　　　　　]

記述問題　次の問いに答えなさい。

□世界の河川と比べた日本の河川の特徴を，簡潔に答えなさい。

[　　　　　　]

第**7**日　**入試実戦テスト**

| 時間 30分 | 得点 |
| 合格 75点 | /100 |

解答→別冊 10 ページ

1 【自然環境】**右の地図を見て，次の問いに答えなさい。**（10点×5）

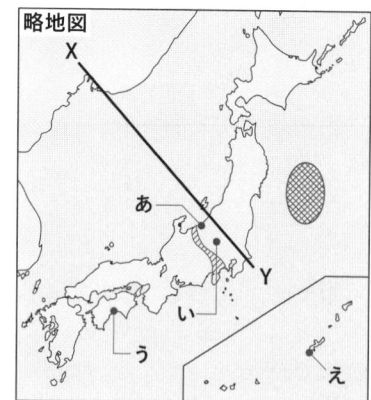

略地図

重要 (1) **地図**中の////で示したフォッサマグナに関する次の**Ⅰ・Ⅱ**の文が，正しければ「正」を，誤っていれば「誤」を答えなさい。〔長崎〕 **Ⅰ** [　　] **Ⅱ** [　　]

Ⅰ フォッサマグナの東側には，日本アルプスとよばれる，標高 3000 m 前後の3つの山脈が連なっている。

Ⅱ フォッサマグナの西側では山地が南北方向に，東側では東西方向に連なっている。

(2) **資料**は，**X－Y**間の断面を模式的に示したものであり，**資料**中の→は，季節風の流れを示している。**資料**が示す季節と，**P～R**の風の性質としてあてはまるものを，次の**ア～エ**から1つ選び，記号で答えなさい。〔愛媛〕 [　　]

資料

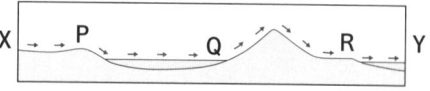

ア 季節－夏　**P**－湿っている　**Q**－乾いている　**R**－湿っている

イ 季節－夏　**P**－乾いている　**Q**－湿っている　**R**－乾いている

ウ 季節－冬　**P**－湿っている　**Q**－乾いている　**R**－湿っている

エ 季節－冬　**P**－乾いている　**Q**－湿っている　**R**－乾いている

(3) 次の**ア～エ**の雨温図は**地図**中の**あ～え**の都市のいずれかのものである。**う**にあてはまるものを1つ選び，記号で答えなさい。〔千葉〕 [　　]

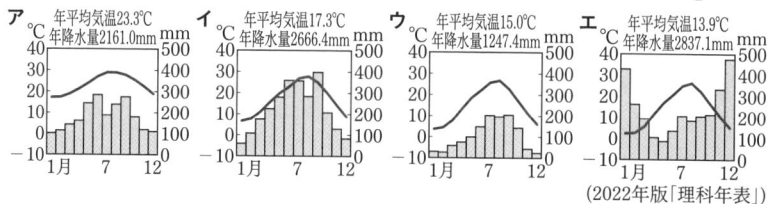

（2022年版「理科年表」）

Key Points

1 (1) 日本アルプスとは，飛驒山脈，木曽山脈，赤石山脈のことである。
(2) 日本海側から吹いている北西の風から季節を考えよう。　(3) **う**は太平洋沿岸の都市。

（記述）(4) **地図**中の 〰〰〰 で示した東日本の太平洋沖（おき）は豊かな漁場となっている。その理由を，関係する海流の名称（めいしょう）を使って，簡潔に答えなさい。〔高知〕

[   ]

2 【人　口】次の問いに答えなさい。(9点×2)

(1) 右の**資料**は，2020年における，日本の7地方の人口と人口密度を表したものであり，資料中の**ア～エ**は，それぞれ東北地方，関東地方，中部地方，近畿（きんき）地方のいずれかにあたる。中部地方にあたるものを，**ア～エ**から1つ選び，記号で答えなさい。

〔愛媛〕 [   ]

(人/km²)

人口密度

北海道地方
中国・四国地方
・**ア**
・**イ**
九州地方
・**ウ**
エ

人口　（万人）

（令和2年「国勢調査」）

(2) 日本には，三大都市圏とよばれる人口密度の高い都市圏が3つある。その中心都市としてあてはまらないものを，次の**ア～エ**から1つ選び，記号で答えなさい。 [   ]

ア 東京　　**イ** 名古屋市　　**ウ** 大阪市　　**エ** 福岡市

3 【資源・エネルギー】次の問いに答えなさい。(8点×4)

(1) 次の文の □□□□ にあてはまる語句を答えなさい。〔佐賀〕 [   ]

> 大分県では，再生可能エネルギーの1つである □□□□ を用いた発電がさかんである。

（重要）(2) 次の**X～Z**は，日本における火力，水力，原子力のいずれかの発電所の分布を示している。それぞれ，どの発電所の分布を示したものか，答えなさい。〔沖縄〕 **X** [   ] **Y** [   ] **Z** [   ]

X　　　　　　　　　Y　　　　　　　　　Z

※火力発電所は最大出力200万kW以上，水力発電所は最大出力15万kW以上の発電所のみを示している。
(2022年版「データでみる県勢」)

 **Key Points**　**2** (1) 人口密度は，「人口(人)÷面積(km²)」で求められる。　**3** (2) 水力発電は内陸部に，火力発電は太平洋ベルトの海岸沿いに，原子力発電は地方の海岸沿いにある。

第8日 日本の地域的特色 ②
―産業・交通・通信―

試験に出る重要図表

✎ [　]にあてはまる語句を答えなさい。

❶ 日本の工業地帯・工業地域

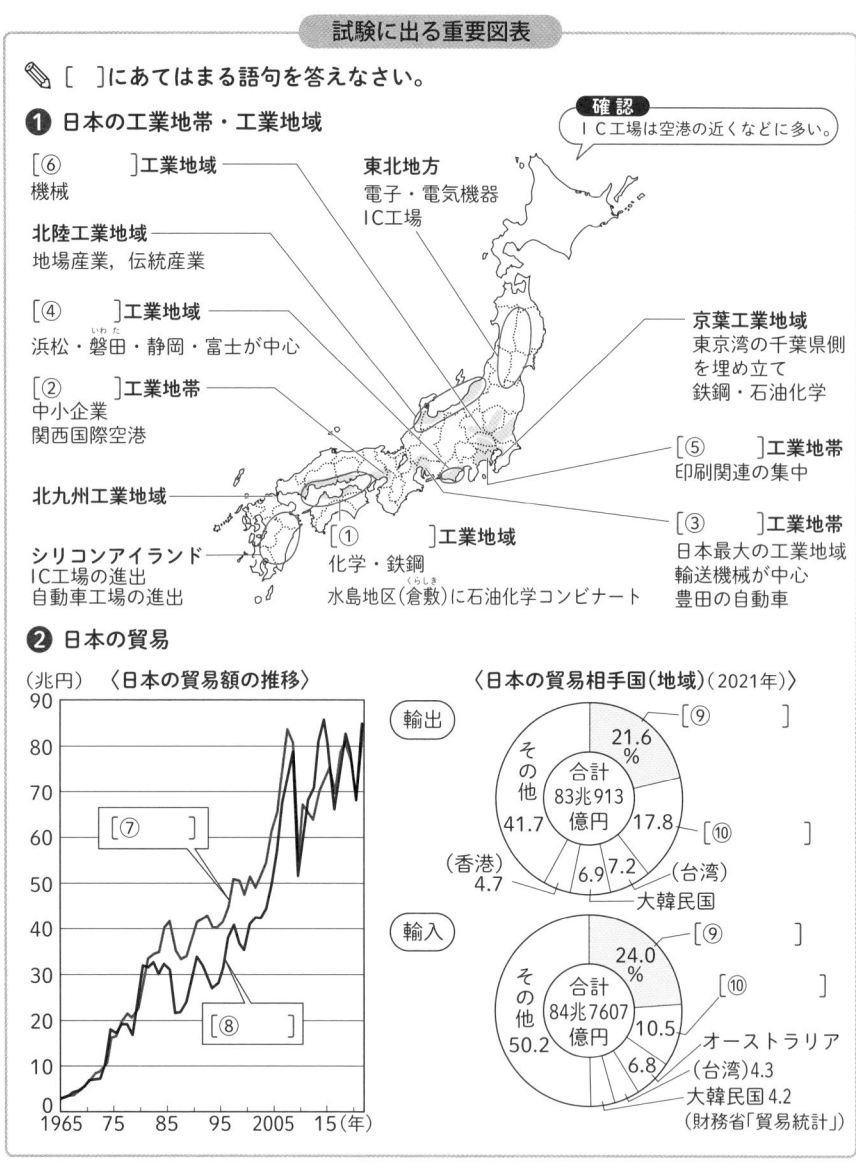

> **確認**
> IC工場は空港の近くなどに多い。

[⑥　　]工業地域
機械

北陸工業地域
地場産業、伝統産業

[④　　]工業地域
浜松・磐田・静岡・富士が中心

[②　　]工業地帯
中小企業
関西国際空港

北九州工業地域

シリコンアイランド
IC工場の進出
自動車工場の進出

[①　　]工業地域
化学・鉄鋼
水島地区(倉敷)に石油化学コンビナート

東北地方
電子・電気機器
IC工場

京葉工業地域
東京湾の千葉県側
を埋め立て
鉄鋼・石油化学

[⑤　　]工業地帯
印刷関連の集中

[③　　]工業地帯
日本最大の工業地域
輸送機械が中心
豊田の自動車

❷ 日本の貿易

(兆円) 〈日本の貿易額の推移〉

[⑦　　]

[⑧　　]

90
80
70
60
50
40
30
20
10
0
1965　75　85　95　2005　15(年)

〈日本の貿易相手国(地域)(2021年)〉

輸出

[⑨　　]
21.6%

合計
83兆913
億円

その他
41.7

17.8 [⑩　　]

7.2 (台湾)

6.9 大韓民国

(香港)
4.7

輸入

[⑨　　]
24.0%

合計
84兆7607
億円

その他
50.2

[⑩　　]
10.5 オーストラリア

6.8 (台湾)4.3

大韓民国 4.2
(財務省「貿易統計」)

解答 ①瀬戸内 ②阪神 ③中京 ④東海 ⑤京浜 ⑥北関東 ⑦輸出 ⑧輸入 ⑨中国
⑩アメリカ

ここをおさえる！

① 日本の工業は，臨海部の**太平洋ベルト**から内陸部に発展した。
② 工場の海外移転が進み，国内の**産業の空洞化**が問題となっている。
③ 日本の農業は稲作を中心に，都市部では**近郊農業**が盛ん。

解答→別冊 12 ページ

Check1　産　業（⇨試験に出る重要図表 ❶）

□① かつての日本で行われていた，工業原料を輸入し，工業製品を出荷する貿易を何といいますか。　　　　　　　　　　　　　　　[　　　　　　　　]

□② インターネットの普及によって発達した情報通信技術産業の略称を，アルファベットで答えなさい。　　　　　　　　　　　[　　　　　　　　]

□③ ②やバイオテクノロジーなど高度な知識と技術を使うハイテク産業のことを何といいますか。　　　　　　　　　　　　　[　　　　　　　　]

□④ 日本でもっとも製造品出荷額が大きい，輸送機械工業の割合が高い工業地帯を何といいますか。　　　　　　　　　　　[　　　　　　　　]

□⑤ 暖かい気候を利用して，農作物の出荷時期を早める栽培方法を何といいますか。　　　　　　　　　　　　　　　　[　　　　　　　　]

□⑥ 涼しい気候を利用して，レタスやキャベツなどの高原野菜を，通常よりも遅く出荷する栽培方法を何といいますか。　　　[　　　　　　　　]

□⑦ 国内で消費する食料を国内生産のみでまかなっている割合のことを何といいますか。　　　　　　　　　　　　　　[　　　　　　　　]

□⑧ 遠洋漁業や沖合漁業などの「とる漁業」に対して，養殖業や栽培漁業のことを何といいますか。　　　　　　　　　[　　　　　　　　]

□⑨ 商業は，第一次産業～第三次産業のどれに含まれますか。[　　　　　　　　]

Check2　交通・通信・貿易（⇨試験に出る重要図表 ❷）

□⑩ 1960 年代から整備が進んだ，新幹線，高速道路，航空網のことをまとめて何といいますか。　　　　　　　　　　　[　　　　　　　　]

□⑪ 遠距離の移動は航空路，近距離では鉄道がよく使われるが，中距離の移動で使われる高速な鉄道による交通手段は何ですか。　[　　　　　　　　]

□⑫ 貨物や人の乗り換えの拠点となる空港を何といいますか。[　　　　　　　　]

記述問題　　次の問いに答えなさい。

□産業の空洞化とはどのような問題か，簡潔に説明しなさい。

[

入試実戦テスト

解答→別冊 12 ページ

1【産　業】次の問いに答えなさい。(10点×7)

(1) **略地図**中の**A〜D**のうち，太平洋ベルトに
位置する県として適切なものを１つ選び，
その記号と県名を答えなさい。〔愛媛〕

記号[　　　]　県名[　　　　　]

略地図

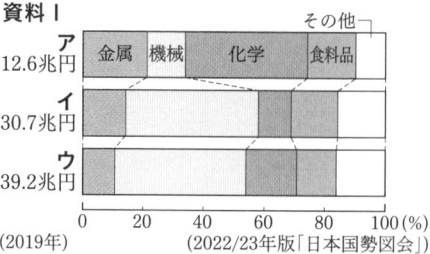

北海道

A
B
C
D

0　　300km

(2) **資料 I** は，2019 年の北関東工業地域と京
葉工業地域，京浜工業地帯の工業出荷額に
占める割合を示している。北関東工業地域
のグラフを，**資料 I** 中の**ア〜ウ**から１つ選
び，記号で答えなさい。

〔静岡一改〕[　　　　]

(3) **資料 2** は日本の 1960 年と 2019
年の日本の工業出荷額の内訳を
示していて，**X〜Z**は機械，金
属，繊維のいずれかである。**X**
〜**Z**の組み合わせとしてもっと
も適切なものを，次の**ア〜エ**か
ら１つ選び，記号で答えなさい。

〔佐賀〕[　　　　]

ア **X**-機械，**Y**-繊維，**Z**-金属

イ **X**-機械，**Y**-金属，**Z**-繊維

ウ **X**-金属，**Y**-機械，**Z**-繊維

エ **X**-金属，**Y**-繊維，**Z**-機械

資料 I

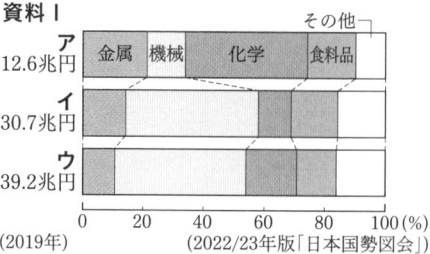

その他

ア 12.6兆円　金属　機械　化学　食料品

イ 30.7兆円

ウ 39.2兆円

0　20　40　60　80　100(%)

(2019年)　(2022/23年版「日本国勢図会」)

資料 2

印刷2.5

1960年
15兆
5786億円　| X 18.8% | Y 25.7 | 化学 13.3 | 食品 12.4 | Z 12.3 | その他 15.0 |

2019年
325兆
35億円　| 13.5% | 45.3 | 13.3 | 12.2 | 13.0 |

1.2　1.5

(2022/23年版「日本国勢図会」)

重要 (4) **略地図**中の北海道地方では，さけを人工的に卵からかえして，川へ放流す
る漁業が盛んに行われている。このように，稚魚や稚貝を放流したり，海
底に魚が集まるように漁場をつくったりして，沿岸の漁業資源を増やそう
とする漁業を何といいますか。〔徳島一改〕[　　　　　　　]

Key Points　**1**(3) 機械工業と金属工業は重化学工業，繊維工業は軽工業に分類される。
(4) 育てる漁業のうちの１つである。

(5) **資料3**は，東北地方，関東地方，近畿地方における農業産出額の内訳を示したものである。これを読み取った次の文の①・②にあてはまる語句を，それぞれ答えなさい。〔鳥取〕 ①[   ] ②[   ]

> 東北地方は ① の割合が高くなっている。関東地方で野菜の割合が高いのは，東京などの大消費地が近くにあるため，都市の近くで行われる ② が盛んだからである。

資料3

	米	野菜	果実	畜産	その他
東北地方	31.8%	18.3	15.2	30.6	4.1
関東地方	15.9%	37.7	3.1	32.0	11.3
近畿地方	26.0%	24.2	21.1	20.5	8.2

(2020年)　(2020年版「生産農業所得統計」)

---

2 【交通・通信】次の問いに答えなさい。(15点×2)

重要 (1) 東京周辺の貿易港について，海上輸送と航空輸送を調べ，右の**資料Ⅰ**をつくり，あとの説明文にまとめた。**X～Z**にあてはまる語句の組み合わせとして，適切なものを，あとの**ア～エ**から1つ選び，記号で答えなさい。〔埼玉 '21〕[   ]

資料Ⅰ

	X		Y	
横浜港	自動車	22.1%	石油	9.1%
	自動車部品	4.9%	液化ガス	5.2%
成田国際空港	科学光学機器	6.2%	通信機	14.6%
	(カメラ・レンズなど)		(携帯電話など)	
	金(非貨幣用)	5.2%	医薬品	11.6%

(2018年)　(2019/20年版「日本国勢図会」)

> 輸出入総額に占める輸出入品目の割合をみると，海上輸送の拠点である横浜港では，自動車などの輸送機械の **X** の割合が高く，鉱産資源の **Y** の割合が高いことがわかる。また航空輸送の拠点である成田国際空港では，横浜港に比べて，おもに科学光学機器や通信機のような **Z** 品目の輸出入の割合が高いことがわかる。

ア X－輸出　Y－輸入　Z－重量の軽い
イ X－輸入　Y－輸出　Z－重量の軽い
ウ X－輸出　Y－輸入　Z－重量の重い
エ X－輸入　Y－輸出　Z－重量の重い

(2) 右の**資料2**は，パソコン，インターネット，スマートフォンの普及率である。スマートフォンにあたるものを，**ア～ウ**から1つ選び，記号で答えなさい。[   ]

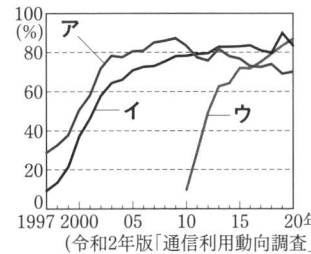

資料2

(令和2年版「通信利用動向調査」)

 **1** (5) ①東北地方は，北陸地方とともに「日本の穀倉地帯」とよばれる。
②大消費地に近い立地を生かして，新鮮なうちに野菜や花を届ける。

第9日 日本の諸地域 ①
―九州，中国・四国，近畿，中部地方―

試験に出る重要図表

✎ [　]にあてはまる語句を答えなさい。

❶ 九州・中国・四国・近畿・中部地方の地形

確認 筑紫平野を流れる河川は筑後川。

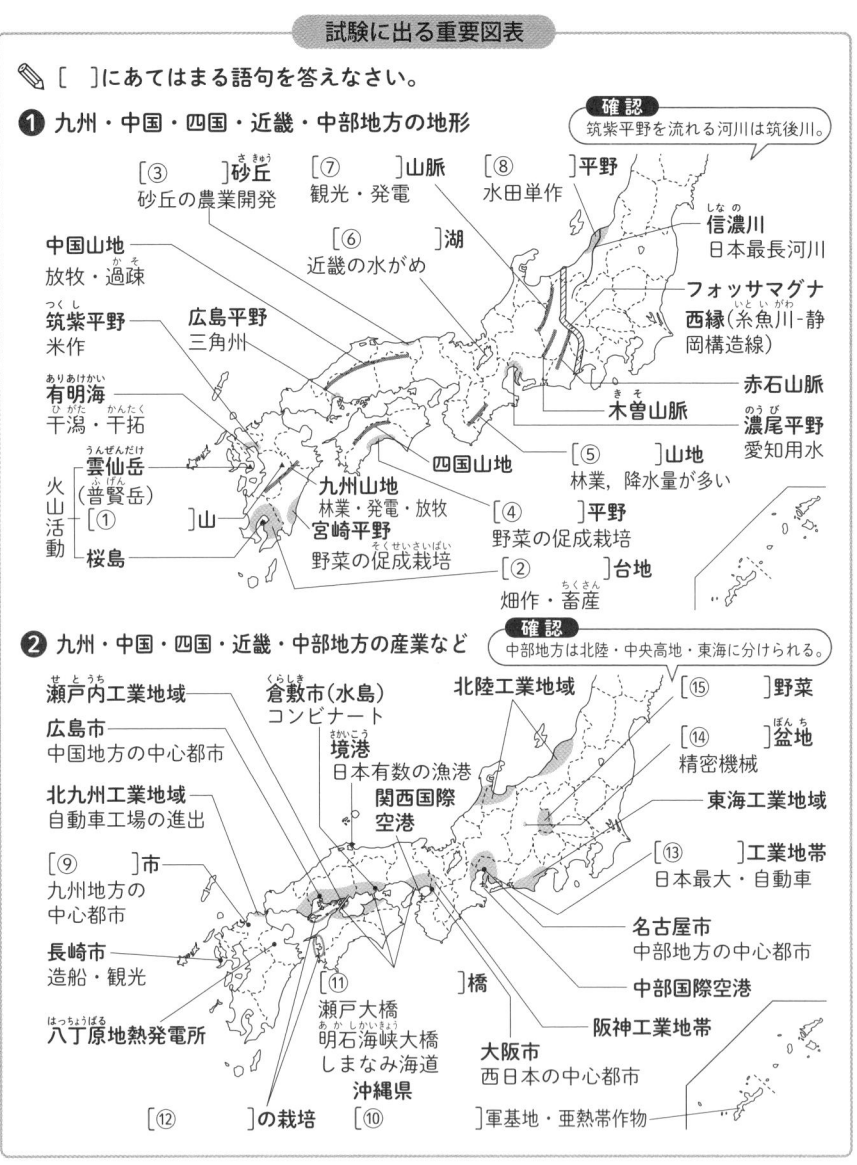

[③　]砂丘
砂丘の農業開発

[⑦　]山脈
観光・発電

[⑧　]平野
水田単作

[⑥　]湖
近畿の水がめ

中国山地
放牧・過疎

筑紫平野
米作

広島平野
三角州

有明海
干潟・干拓

雲仙岳
（普賢岳）

[①　]山

火山活動

・桜島

九州山地
林業・発電・放牧

宮崎平野
野菜の促成栽培

四国山地

[⑤　]山地
林業，降水量が多い

[④　]平野
野菜の促成栽培

[②　]台地
畑作・畜産

信濃川
日本最長河川

フォッサマグナ
西縁（糸魚川‐静岡構造線）

赤石山脈

木曽山脈

濃尾平野
愛知用水

❷ 九州・中国・四国・近畿・中部地方の産業など

確認 中部地方は北陸・中央高地・東海に分けられる。

瀬戸内工業地域

倉敷市（水島）
コンビナート

広島市
中国地方の中心都市

境港
日本有数の漁港

北九州工業地域
自動車工場の進出

関西国際空港

[⑨　]市
九州地方の中心都市

長崎市
造船・観光

八丁原地熱発電所

[⑪　]橋

瀬戸大橋
明石海峡大橋
しまなみ海道

沖縄県

[⑫　]の栽培

[⑩　]

大阪市
西日本の中心都市

[　]軍基地・亜熱帯作物

阪神工業地帯

中部国際空港

名古屋市
中部地方の中心都市

[⑬　]工業地帯
日本最大・自動車

東海工業地域

[⑭　]盆地
精密機械

[⑮　]野菜

北陸工業地域

解答

①阿蘇 ②シラス ③鳥取 ④高知 ⑤紀伊 ⑥琵琶 ⑦飛驒 ⑧越後 ⑨福岡
⑩アメリカ（米） ⑪本州四国連絡 ⑫みかん ⑬中京 ⑭諏訪 ⑮高原

> ここを
> おさえる！
> ① 宮崎平野と高知平野では，野菜の**促成栽培**がさかん。
> ② 瀬戸内の気候は，温和で，一年中降水量が少ない。
> ③ 中部地方には日本最大の工業地帯である**中京工業地帯**がある。

解答→別冊 14 ページ

Check1　九州，中国・四国地方（⇨試験に出る重要図表 ❶・❷）

□① 阿蘇山でみられる，世界最大級のくぼ地を何といいますか。[　　　　]

□② 地球内部の熱を利用する発電方法は何ですか。　　　[　　　　]

□③ 四大公害病の一つで，熊本県と鹿児島県にわたる地域で発生したものを何
　　といいますか。　　　　　　　　　　　　　　　　[　　　　]

□④ 中国地方のうち，中国山地よりも北側を何といいますか。[　　　　]

□⑤ 本州四国連絡橋のうち，児島－坂出ルートにかかる橋を何といいますか。
　　　　　　　　　　　　　　　　　　　　　　　　　[　　　　]

□⑥ 中国・四国地方の山間部や離島で，人口が大きく減少し，社会生活の維持
　　が難しくなっている問題を何といいますか。　　　[　　　　]

Check2　近畿，中部地方（⇨試験に出る重要図表 ❶・❷）

□⑦ 大阪大都市圏の郊外につくられた，都心部の住宅不足を補うための大規模
　　な住宅地を何といいますか。　　　　　　　　　　[　　　　]

□⑧ 阪神工業地帯の中の東大阪市や八尾市に多い，規模の小さい工場を，大工
　　場に対して何といいますか。　　　　　　　　　　[　　　　]

□⑨ 飛驒・木曽・赤石の3つの山脈を合わせて何といいますか。[　　　　]

□⑩ 中部地方を3つに分けたとき，太平洋側を何といいますか。[　　　　]

□⑪ 渥美半島で盛んな，全国の都市の市場への出荷を目的に，野菜や果樹，花
　　などを栽培する農業を何といいますか。　　　　　[　　　　]

□⑫ 日本有数の漁港である焼津港は，何漁業の基地ですか。[　　　　]

□⑬ 中央高地で栽培されている，涼しい気候に適したレタスやキャベツなどの
　　野菜を何といいますか。　　　　　　　　　　　　[　　　　]

□⑭ 輪島塗や高岡銅器，越前和紙などの伝統的工芸品をつくる産業を何といい
　　ますか。　　　　　　　　　　　　　　　　　　　[　　　　]

記述問題　次の問いに答えなさい。

□ シラス台地で畜産が盛んな理由を，「稲作」の語句を使って答えなさい。
[
　　　　　　　　　　　　　　　　　　　　　　　　　　　　　　　]

第9日 入試実戦テスト

時間	30分
合格	75点

得点 ／100

解答→別冊14ページ

1 【九州地方，中国・四国地方，近畿地方】次の問いに答えなさい。

(1) **表I**は，佐賀県，福岡県，宮崎県，沖縄県についてのものである。福岡県と宮崎県にあてはまる組み合わせとして適切なものを，次の**ア〜エ**から1つ選び，記号で答えなさい。(8点)〔佐賀〕 [　　　]

表I

	大豆の収穫量(t)(2020年)	食用鶏の産出額(億円)(2017年)	金属製品出荷額等(億円)(2020年)	宿泊旅行者数(千人)(2020年) 出張・業務	宿泊旅行者数(千人)(2020年) 観光
①	10100	84	1071	458	545
②	0	13	548	858	2847
③	10300	30	5777	3281	1525
④	279	702	403	925	494

(2022年版「データでみる県勢」など)

ア 福岡県—①　宮崎県—②　　**イ** 福岡県—③　宮崎県—④

ウ 福岡県—①　宮崎県—③　　**エ** 福岡県—②　宮崎県—④

重要 記述 (2) **A**や**C**など瀬戸内地域が年間を通して，降水量が少ない理由を，右の**略地図**を参考に，簡潔に説明しなさい。(14点)〔山口〕

[　　　　　　　　　　　　　　　]

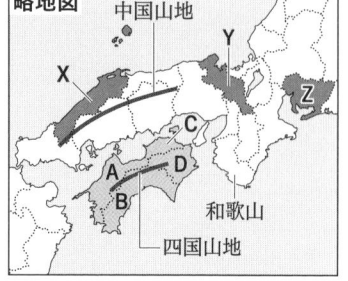

略地図

(3) **資料**は，和歌山県で生産が盛んなある果実の都道府県別生産割合を示したものである。この果実は何ですか。また，**資料**の□□□にあてはまる県を，**略地図**中の**A〜D**から1つ選び，記号で答えなさい。(8点×2)〔鹿児島〕

果実[　　　　]　記号[　　　]

資料

全国計76.6万t

和歌山 21.8%	静岡 15.6	□□□ 14.7	熊本 10.8	その他 30.9

長崎6.2

(2020年)　　　　　　　　　　　　（「作物統計調査」）

(4) **表2**は，**略地図**中**X〜Z**のいずれかの府県の15歳以上の就業者割合を示したものである。**Z**にあてはまるものを，**ア〜ウ**から1つ選び，記号で答えなさい。(8点)〔鹿児島〕[　　　]

表2

	農林水産業	製造業	宿泊・飲食サービス業
ア	2.1%	25.3%	5.4%
イ	2.1%	15.9%	6.6%
ウ	7.8%	13.3%	5.3%

(2015年)　　　　　　　（農林水産省資料）

 **Key Points**　**1** (1) 出張・業務での宿泊旅行者数が多いのは，九州地方の中心となる県である。
(3) 暖かい地方でつくられる果実である。

2 【近畿地方】次の地図とグラフを見て，あとの問いに答えなさい。〔福島〕

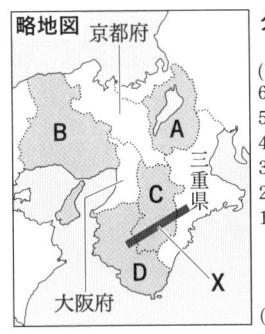

略地図
京都府
B　A
三重県
C
X
D
大阪府

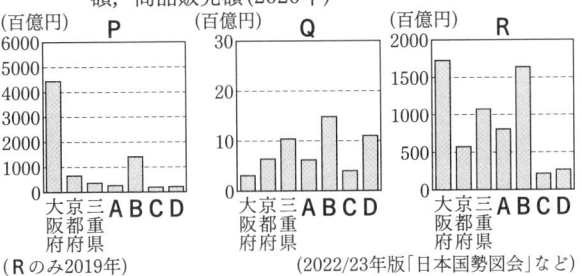

グラフ　近畿地方の各府県における農業産出額，工業生産額，商品販売額(2020年)

P（百億円）
6000
5000
4000
3000
2000
1000
大京三 A B C D
阪都重
府府県
（Rのみ2019年）

Q（百億円）
30
20
10
大京三 A B C D
阪都重
府府県

R（百億円）
2000
1500
1000
500
大京三 A B C D
阪都重
府府県
（2022/23年版「日本国勢図会」など）

(1) **X**の特産物としてもっとも適切なものを，次の**ア〜エ**から１つ選び，記号で答えなさい。(8点)　[　　　]

ア 吉野すぎ　**イ** 九条ねぎ　**ウ** 加茂なす　**エ** 木曽ひのき

(2) 右上の**グラフ**中の**P〜R**は，近畿地方の各府県の農業産出額，工業生産額，商品販売額のいずれかを表している。それぞれ何を表しているか，答えなさい。(8点×3)　P[　　　　]　Q[　　　　]　R[　　　　]

3 【中部地方】次の問いに答えなさい。〔茨城一改〕

(1) **資料Ⅰ**の日本の眼鏡フレームの動向について，2010年と2013年とを比較してわかることを，次の**ア〜エ**から１つ選び，記号で答えなさい。

　(8点)　[　　　]

資料Ⅰ　眼鏡フレームの国内製品の出荷額と海外製品の輸入額

（億円）
230
210
190
170
150
国内製品の出荷額
海外製品の輸入額
2010　11　12　13(年)
注　国内製品の出荷額は，国内向けのみの額である。
（「眼鏡データベース2018」）

資料２　福井市の気温と降水量

気温（℃）
40
30
20
10
0
-10
降水量（mm）
500
400
300
200
100
1　7　12月
（2022年版「理科年表」）

ア 国内製品の出荷額は，減少しており，海外製品の輸入額は増加している。

イ 国内製品の出荷額は，減少しており，海外製品の輸入額も減少している。

ウ 国内製品の出荷額は，海外製品の輸入額を上回るようになった。

エ 国内製品の出荷額は，海外製品の輸入額を下回るようになった。

(記述) (2) 北陸地方で地場産業が発達した理由を，**資料２**を参考にして答えなさい。(14点)

[　　　　　　　　　　　　　　　　　　　　　　　　　　　　]

- -

Q Key Points　**2** (2) 大阪府は，人口が多いことから商品販売額が多い。工業生産額は，阪神工業地帯に含まれる府県，中京工業地帯に含まれる県で多くなっている。

第10日 日本の諸地域 ②
―関東，東北，北海道地方―

試験に出る重要図表

✎ [　　]にあてはまる語句を答えなさい。

確認 2011 年 3 月の東日本大震災で東北地方は津波などの大被害を受けた。

❶ 関東，東北，北海道地方の地形

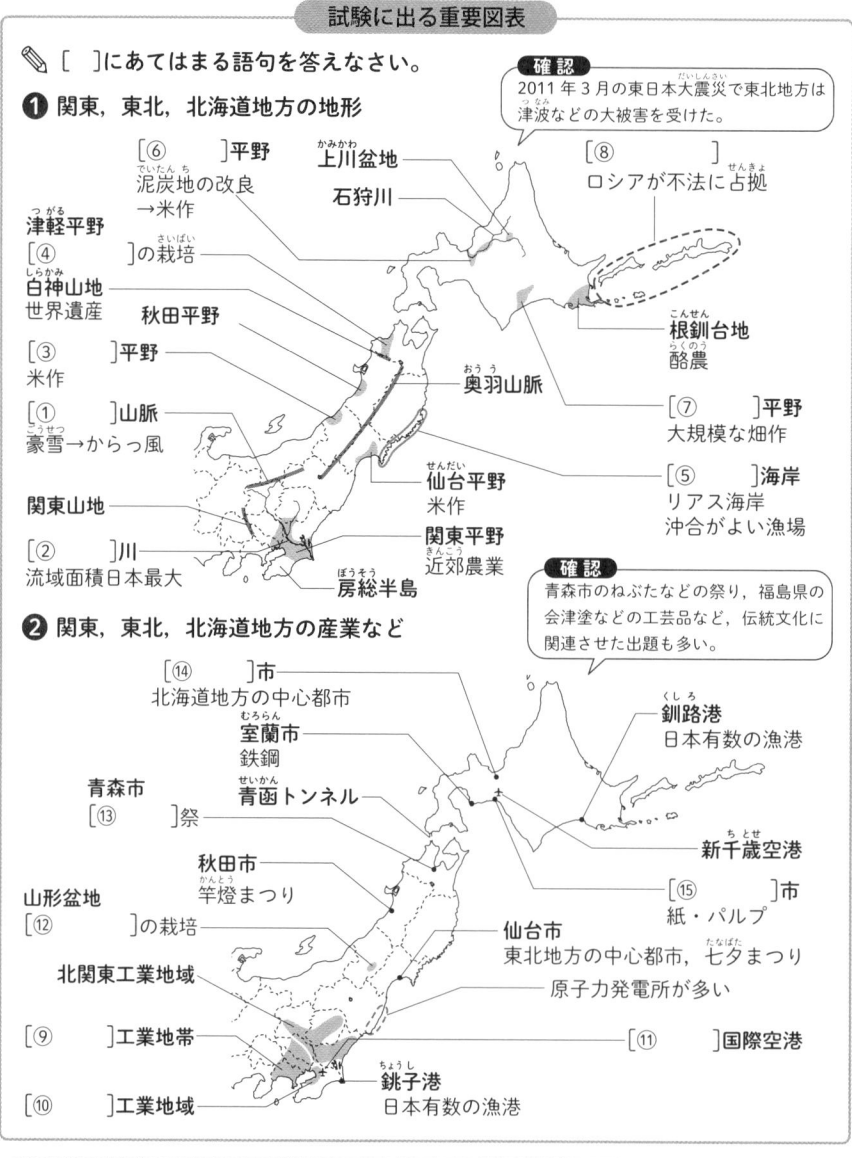

- [⑥　　]平野 泥炭地の改良 →米作
- 上川盆地
- 石狩川
- [⑧　　]ロシアが不法に占拠
- 津軽平野 [④　　]の栽培
- 白神山地 世界遺産
- 秋田平野
- [③　　]平野 米作
- 奥羽山脈
- 根釧台地 酪農
- [①　　]山脈 豪雪→からっ風
- [⑦　　]平野 大規模な畑作
- 関東山地
- 仙台平野 米作
- [②　　]川 流域面積日本最大
- 関東平野 近郊農業
- [⑤　　]海岸 リアス海岸 沖合がよい漁場
- 房総半島

確認 青森市のねぶたなどの祭り，福島県の会津塗などの工芸品など，伝統文化に関連させた出題も多い。

❷ 関東，東北，北海道地方の産業など

- [⑭　　]市 北海道地方の中心都市
- 室蘭市 鉄鋼
- 釧路港 日本有数の漁港
- 青森市 [⑬　　]祭
- 青函トンネル
- 新千歳空港
- 秋田市 竿燈まつり
- [⑮　　]市 紙・パルプ
- 山形盆地 [⑫　　]の栽培
- 仙台市 東北地方の中心都市，七夕まつり
- 北関東工業地域
- 原子力発電所が多い
- [⑨　　]工業地帯
- [⑪　　]国際空港
- [⑩　　]工業地域
- 銚子港 日本有数の漁港

解答 ①越後 ②利根 ③庄内 ④りんご ⑤三陸 ⑥石狩 ⑦十勝 ⑧北方領土 ⑨京浜 ⑩京葉 ⑪成田 ⑫おうとう ⑬ねぶた ⑭札幌 ⑮苫小牧

① 東京は日本の首都であり，政治・経済・文化の中心である。
② 東北地方の太平洋側では初夏に**やませ**が吹き，冷害になることがある。
③ 石狩平野は稲作，十勝平野は畑作，根釧台地は酪農がさかん。

解答→別冊 16 ページ

Check 1 関東地方 （⇨試験に出る重要図表 ❶・❷）

□① 東京・神奈川を中心とする，印刷業が盛んな日本有数の工業地帯を何といいますか。 [　　　　　]

□② 千葉県にある，日本の玄関港ともいわれる，日本一の貿易額をほこる港を何といいますか。 [　　　　　]

□③ 東京湾の千葉県側に広がる工業地域を何といいますか。 [　　　　　]

□④ 都心と郊外を結ぶ鉄道の終着駅を何といいますか。 [　　　　　]

□⑤ 郊外に比べて，都心部の気温が高くなる現象を何といいますか。
[　　　　　]

Check 2 東北地方 （⇨試験に出る重要図表 ❶・❷）

□⑥ 初夏に太平洋側に北東から吹き，冷害をもたらすこともある風を何といいますか。 [　　　　　]

□⑦ 岩手県の南部鉄器や山形県の天童将棋駒など，伝統産業によってつくられた工芸品を何といいますか。 [　　　　　]

□⑧ 2011 年 3 月 11 日に東北地方をおそった大地震と津波による大きな被害を何といいますか。 [　　　　　]

Check 3 北海道地方 （⇨試験に出る重要図表 ❶・❷）

□⑨ 北海道の沿岸部で，南東の季節風が寒流の影響で冷やされて発生する気象現象を何といいますか。 [　　　　　]

□⑩ 北海道の先住民を何といいますか。 [　　　　　]

□⑪ 冬にオホーツク海沿岸に押し寄せるものは何ですか。 [　　　　　]

□⑫ 北海道でさかんな，生態系の保全と観光の両立をめざした取り組みを何といいますか。 [　　　　　]

記述問題 次の問いに答えなさい。

□横浜みなとみらい 21 などの副都心がつくられた理由を，簡潔に答えなさい。
[　　　　　]

第**10**日　**入試実戦テスト**

時間	30分	得点
合格	75点	/100

解答→別冊 16 ページ

1 【関東地方】次の問いに答えなさい。

(1) **資料 I** の **P・Q** にあてはまる品目を，次の **ア〜オ** からそれぞれ 1 つ選び，記号で答えなさい。(8点×2) 〔福岡〕

略地図 I　Qの工場の所在地

群馬県　茨城県　埼玉県　千葉県　東京都　●Qの工場
(2022/23年版「日本国勢図会」)

資料 I　製造品出荷額等割合(2019年)

群馬県	P 37.0% ┃ 9.4 ┃ 化学 8.6 ┃ その他 33.7	プラスチック製品6.1 ／ 金属製品5.2 ／ 食料品
千葉県	Q 22.6% ┃ 化学 17.5 ┃ 鉄鋼 12.9 ┃ 食料品 12.9 ┃ その他 28.5	金属製品5.6

(2022年版「データでみる県勢」)

P [　　]　Q [　　]

ア 輸送用機械　　**イ** 繊維（せんい）　　**ウ** 石油・石炭製品

エ 印刷　　　　　**オ** パルプ・紙

(2) **重要** **記述** **Q** の工場は，**略地図 I** のように立地している。この理由を，「原料」の語句を使って，簡潔に答えなさい。(10点)〔福岡〕

[　　　　　　　　　　　　　　　　　　　　　　　　　　　]

(3) **資料 2** は，**略地図 I** 中の茨城県，埼玉県，東京都における 2015 年の昼夜間人口比率，2015 年〜2020 年の人口増減率，2020 年の年齢別人口割合を示している。①茨城県，②埼玉県，③東京都にあてはまるものを，**ア〜ウ** から 1 つずつ選び，記号で答えなさい。(8点×3)〔徳島―改〕

資料 2

	昼夜間人口比率(%)	人口増減率(%)	年齢別人口割合(%)		
			0〜14歳	15〜64歳	65歳以上
ア	88.9	1.08	11.9	61.1	27.0
イ	117.8	3.94	11.2	66.1	22.7
ウ	97.5	−1.71	11.7	58.7	29.7

(2022/23 年版「日本国勢図会」)

① [　　]　② [　　]　③ [　　]

(4) **記述** **略地図 2** は，自動車工業が盛んな群馬県太田（おおた）市の位置と関東地方の高速道路網の一部を示している。太田市が位置する北関東で内陸型の工業地域が形成された理由を，高速道路網との関係に着目して，「製品」の語句を用いて，簡潔に答えなさい。(10点)〔奈良〕

[　　　　　　　　　　　　　　　　　　　　　　　　]

略地図 2

太田市　──高速道路

Key Points **1** (2) すべて海岸沿いに立地していることに着目する。　(3) 昼夜間人口比率とは，昼間人口÷夜間人口×100 で求められる。昼間人口のほうが多いときは 100 を超える。

2 【東北地方・北海道地方】 次の問いに答えなさい。

(1) 次の文の**X・Y**にあてはまる語句の組み合わせとして正しいものを，あと
の**ア～エ**から1つ選び，記号で答えなさい。(8点)〔千葉〕　[　　　]

> 東北地方の太平洋側は，寒流の　**X**　の影響（えいきょう）をうけ，夏にやませが吹くことがあ
> る。また，夏の　**Y**　七夕（たなばた）まつりで知られる　**Y**　市は，この地方の中心地である。

ア X－親潮　Y－仙台　　**イ** X－黒潮　Y－仙台
ウ X－親潮　Y－山形　　**エ** X－黒潮　Y－山形

(2) **略地図1**中の宮古（みやこ）市で行われている漁業に
ついて,次の文の**P・Q**にあてはまる語句を,
それぞれ答えなさい。(8点×2)〔栃木―改〕

P [　　　　　　] Q [　　　　　　]

> 宮古市の太平洋岸には，山地の谷であった部
> 分に海水が入りこんだ　**P**　が見られる。この
> 地域では，波がおだやかな性質を活用し，わか
> めやホタテ貝などの　**Q**　漁業が行われている。

略地図1 東北地方の高速道路と
工場の分布(2021年)

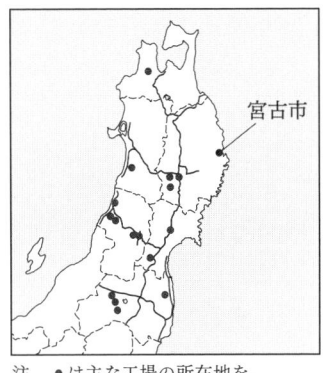

宮古市

注　●は主な工場の所在地を，
―は高速道路を示す。
(2022/23年版「日本国勢図会」など)

(3) **略地図1**の●が示す，高速道路沿線につく
られた工場で生産される製品を，次の**ア～
エ**から1つ選び，記号で答えなさい。

(8点)〔岐阜〕　[　　　]

ア 鉄鋼　　　　　**イ** 船舶（せんぱく）
ウ 石油化学製品　**エ** 半導体

(4) **略地図2**の**A～D**について述べた文として
適切でないものを,次の**ア～エ**から1つ選び,
記号で答えなさい。(8点)〔兵庫〕　[　　　]

ア Aは土地改良により，自然環境を克服（こくふく）
し，米の産地となっている。

略地図2

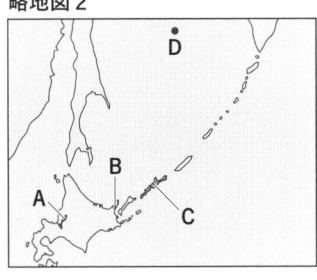

イ Bは多様な生態系が評価され，世界遺産に登録された。

ウ Cは，北方領土のうち，面積がもっとも大きい島である。

エ Dは，水産資源などを管理できる日本の排他的経済水域に含まれる。

 **2** (1) **Y**は，宮城県の県庁所在地である。　(2) **Q**には，育てる漁業のうちの1つが
あてはまる。　(3) 自動車で運べる，軽い工業製品である。

総仕上げテスト

時間	40分	得点
合格	75点	/100

解答→別冊18ページ

1 次の問いに答えなさい。(5点×6)

(1) 世界の3つの海洋のうち, **A～C**の大陸が共通して面している海洋を何といいますか。〔北海道〕

[　　　　　　]

略地図

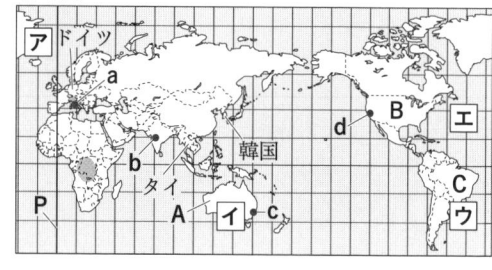

重要 (2) **P**は0度の経線である。この経線を何といいますか。〔北海道〕

[　　　　　　]

(3) 日本からもっとも遠い地球の反対側は, **略地図**中の**ア～エ**のどこになるか。**ア～エ**から1つ選び, 記号で答えなさい。〔和歌山〕 [　　　]

(4) **a～d**の都市を, 東京との時差が小さい順に並べかえ, 記号で答えなさい。〔北海道〕 [　　→　　→　　→　　]

(5) **資料**の**x・y・z**には, 韓国, タイ, ドイツのいずれかがあてはまる。**x～z**にあてはまる国の組み合わせとして正しいものを, 次の**ア～エ**から1つ選び, 記号で答えなさい。〔栃木〕 [　　　]

資料

おもな宗教の人口割合(%)			
x	キリスト教 56.2	イスラム教 5.1
y	仏 教 94.6	イスラム教 4.3
z	キリスト教 27.6	仏 教 15.5

(「The World Fact Book」)

ア x－韓国　　y－タイ　　z－ドイツ

イ x－韓国　　y－ドイツ　z－タイ

ウ x－ドイツ　y－韓国　　z－タイ

エ x－ドイツ　y－タイ　　z－韓国

(6) **略地図**中の 　　　 で示した区域において, 伝統的に主食とするために栽培されている作物としてもっとも適切なものを, 次の**ア～エ**から1つ選び, 記号で答えなさい。〔愛媛〕 [　　　]

ア 米　　**イ** 小麦　　**ウ** とうもろこし　　**エ** いも類

Key Points **1** (1) **A**はオーストラリア大陸, **B**は北アメリカ大陸, **C**は南アメリカ大陸である。
(3) 日本は北緯, 東経に位置している。反対は, 南緯, 西経である。

(記述) **2** 次の問いに答えなさい。

(1) **表Ⅰ**の**A〜D**は，**略地図**に**A〜D**で示した国である。**資料Ⅰ**はヨーロッパ各国の1人あたりの工業出荷額を示している。人々がドイツへ移住する理由を，**資料Ⅰ**から読み取れることにふれて，「仕事」の語句を使って，答えなさい。(8点)〔三重〕

略地図

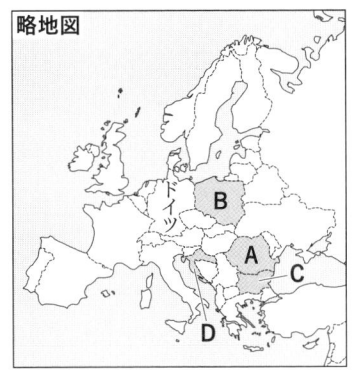

[ ]

表Ⅰ (2019年)

	ドイツへの移住者数
A	24.5万人
B	12.9万人
C	8.7万人
D	4.8万人

(International Migration Outlook)

資料Ⅰ

■ 20000ドル以上
□ 10000ドル以上
■ 5000ドル以上
■ 5000ドル未満

注：数値は2019年

(2021/22年版「世界国勢図会」)

(2) 次の**表2**は，ナイジェリアとインドネシアの輸出額で見た上位6品目とそれらが輸出総額に占める割合を示している。また**資料2**は，ナイジェリアとインドネシアの国内総生産の推移を表している。ナイジェリアの国内総生産を表しているものを，**A・B**から1つ選び，答えなさい。また，そう判断した理由を，**表2**と**資料2**から読み取れる内容をもとにして，簡潔に答えなさい。(完答8点)〔岡山〕　記号[ ]

理由[ ]

表2

順位	ナイジェリア		インドネシア	
1位	原油	82.3%	石炭	13.0%
2位	液化天然ガス	9.9%	パーム油	8.8%
3位	船舶	2.4%	機械類	8.3%
4位	石油ガス	0.8%	衣類	5.1%
5位	液化石油ガス	0.5%	自動車	4.8%
6位	カカオ豆	0.5%	鉄鋼	4.7%

(2019年) (2021/22年版「世界国勢図会」)

資料2

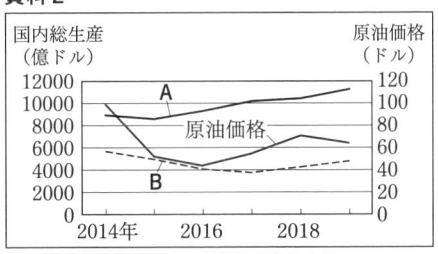

注　原油価格は1バレル(約159L)あたり

(2021/22年版「世界国勢図会」など)

2 (1) ドイツは1人あたりの工業出荷額が大きいことがポイント。
(2) ナイジェリアの貿易品目が大きく原油に依存していることから考える。

3 次の問いに答えなさい。(5点×7)

(1) 地域調査を実施して，情報をまとめる際，沖縄を訪れた外国人旅行者の国・地域別の割合を表すときに，もっとも有効なグラフを，次の**ア〜ウ**から１つ選び，記号で答えなさい。〔沖縄〕 [　　　]

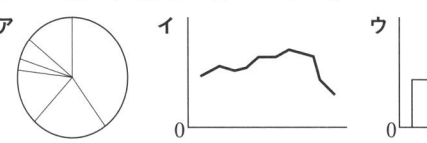

(2) 右の**ア〜ウ**は1920年，1980年，2020年の日本の人口ピラミッドである。**ア〜ウ**を，古い順に並べかえ，記号で答えなさい。〔沖縄〕 [　→　→　]

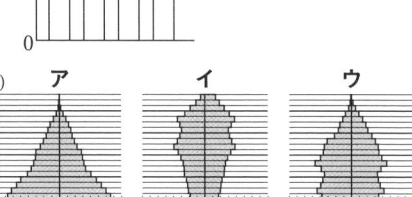

（総務省統計局『令和2年国勢調査』）

(3) **資料Ⅰ**のグラフは，**略地図**中の**A〜C**のいずれかの都市を含む工業地帯の，2019年における工業別出荷額割合を示したものである。**X〜Z**にあてはまる工業地帯の名を，それぞれ答えなさい。〔北海道〕

X [　　　　　]　Y [　　　　　]　Z [　　　　　]

資料Ⅰ

		金属	機械	化学	食料品	繊維	その他
X	出荷額 392458億円	10.6%	43.4	16.6	13.3	0.5	15.6
Y	出荷額 589550億円	9.5%	68.6	6.6	4.7		9.9
Z	出荷額 336597億円	20.9%	37.9	15.9	11.1	1.3	0.7 / 12.9

■金属 □機械 ■化学 □食料品 ■繊維 □その他

（2022/23年版「日本国勢図会」）

略地図

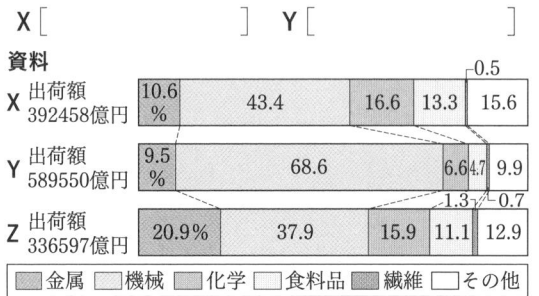

(4) 次の説明文について，①・②にあてはまる語句を，あとの**ア〜エ**から選んで，それぞれ記号で答えなさい。〔沖縄〕 ① [　　　]　② [　　　]

・宮崎県や高知県では，温暖な気候を利用して，　①　が行われている。
・愛知県や沖縄県では，夜間に電灯の光をあてて生長を調整する　②　が行われており，菊の生産が盛んである。

ア 近郊農業　　**イ** 促成栽培（そくせいさいばい）　　**ウ** 抑制栽培（よくせい）　　**エ** 酪農（らくのう）

🔑 **Key Points**　**3** (2) 社会の発展にともなって，富士山型→つりがね型→つぼ型へと変化する。
(3) **A**は東京，**B**は名古屋，**C**は大阪である。

4 次の問いに答えなさい。

(記述)(1) 宮崎県では，**資料 I** の基準を満たす宮崎県産の豚肉をブランド肉として認定する制度に取り組んでいる。豚肉をブランド肉として認定することが，養豚農家の経営の安定につながるのはなぜか，**資料 I** をもとに答えなさい。(7点)〔石川〕

資料 I

- 生産履歴(りれき)を記録していること。
- 衛生管理が行き届いていること。
- 肉質及び脂肪(しぼう)の質が良好であること。

[   ]

(2) **資料2** は，2015 年における関東地方6県の東京都への通勤・通学する人口を示したものである。また，**資料3** は，関東地方6県の人口を表している。**資料2・3** について述べた次の**ア〜エ**のうち，誤っているものを，1つ選び，記号で答えなさい。(5点)〔香川〕　[   ]

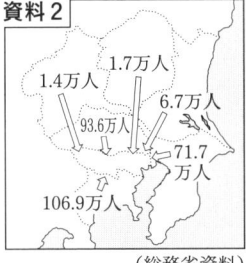

資料2

1.7万人
1.4万人
6.7万人
93.6万人
71.7万人
106.9万人

（総務省資料）

資料3　　　　(2020 年)

県名	人口(万人)
茨城	286.9
栃木	193.4
群馬	194.0
埼玉	734.7
千葉	628.7
神奈川	924.0

(2022年版「データでみる県勢」)

ア 神奈川県から東京都へ通勤・通学する人口は，埼玉県から東京都へ通勤・通学する人口より多い。

イ 千葉県から東京都へ通勤・通学する人口は，千葉県の人口に占める割合は 10% 以上である。

ウ 茨城県，埼玉県，神奈川県のうち，各県の人口に占める東京都へ通勤・通学する人口の割合がもっとも高いのは，神奈川県である。

エ 埼玉県，千葉県，神奈川県から東京都へ通勤・通学する総人口は，茨城県，栃木県，群馬県から東京都へ通勤・通学する総人口の 20 倍以上である。

(記述)(3) **資料4** は，2018 年の畑作の農家一戸あたりの耕地面積について，北海道と全国平均を示したものである。資料を参考に，北海道の畑作の特徴を，「大型機械」の語句を使って，簡潔に答えなさい。(7点)〔岩手一改〕

資料4

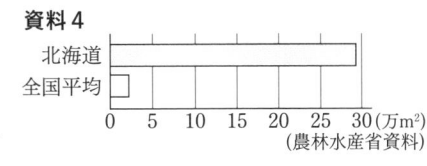

北海道
全国平均

0　5　10　15　20　25　30（万m²）

（農林水産省資料）

[   ]

🔍 **Key Points**　**4** (2) 東京へ通勤・通学する人の割合を計算するには，「移動する人の数÷人口」で求める。
(3) 農家一戸あたりの耕地面積が大きい→大型の機械も使用できると考える。

試験における実戦的な攻略ポイント5つ

① 問題文をよく読もう！

問題文をよく読み，意味の取り違えや読み間違いがないように注意しよう。
選択肢問題や計算問題，記述式問題など，解答の仕方もあわせて確認しよう。

② 解ける問題を確実に得点に結びつけよう！

解ける問題は必ずある。試験が始まったらまず問題全体に目
を通し，自分の解けそうな問題から手をつけるようにしよう。
くれぐれも簡単な問題をやり残ししないように。

③ 答えは丁寧な字ではっきり書こう！

答えは，誰が読んでもわかる字で，はっきりと丁寧に書こう。
せっかく解けた問題が誤りと判定されることのないように注意しよう。

④ 時間配分に注意しよう！

手が止まってしまった場合，あらかじめどのくらい時間をかけるべきかを決めておこう。
解けない問題にこだわりすぎて時間が足りなくなってしまわないように。

⑤ 答案は必ず見直そう！

できたと思った問題でも，誤字脱字，計算間違いなどをしているかもしれない。ケアレ
スミスで失点しないためにも，必ず見直しをしよう。

受験日の前日と当日の心がまえ

前日

- 前日まで根を詰めて勉強することは避け，暗記したものを確認する程度にとどめておこう。
- 夕食の前には，試験に必要なものをカバンに入れ，準備を終わらせておこう。
  また，試験会場への行き方なども，前日のうちに確認しておこう。
- 夜は早めに寝るようにし，十分な睡眠をとるようにしよう。もし
  翌日の試験のことで緊張して眠れなくても，遅くまでスマートフ
  ォンなどを見ず，目を閉じて心身を休めることに努めよう。

当日

- 朝食はいつも通りにとり，食べ過ぎないように注意しよう。
- 再度持ち物を確認し，時間にゆとりをもって試験会場へ向かおう。
- 試験会場に着いたら早めに教室に行き，自分の席を確認しよう。また，トイレの場所も
  確認しておこう。
- 試験開始が近づき緊張してきたときなどは，目を閉じ，ゆっくり深呼吸しよう。

解答・解説

第1日 世界のすがた

▶p.5

Check

① 7　　　②東アジア
③ユニオンジャック　④内陸国
⑤海洋国(島国)　⑥バチカン市国
⑦北半球　⑧東経　⑨地球儀
⑩メルカトル図法　⑪面積　⑫距離

記述問題

ヨーロッパの植民地だったころの経線や緯線を使った境界線を，そのまま国境線としているから。

▶p.6〜7

入試実戦テスト

1 (1)太平洋　(2)赤道　(3)イ　(4)イ
　　(5)エ　(6)南極大陸　(7)A・D
2 (1)イ　(2)①大西洋　②D

解説

1 (1)世界には3つの大きな海洋があり，面積の大きな順から，太平洋，大西洋，インド洋である。Wは，ユーラシア大陸，オーストラリア大陸，南北アメリカ大陸に囲まれているため，太平洋である。太平洋の「太」と大西洋の「大」の漢字を間違えないように注意。

(2)緯線は，地球上の位置を示すための横の線。地軸と垂直に切った平面の地球上との交線となる。赤道は緯度0度の緯線で，東南アジアのインドネシア，アフリカ大陸の中央部，南アメリカ大陸の北部

を通る。赤道を緯度0度として，極方向に南北に90度ずつある。赤道より北を北半球，南を南半球という。

(3)この地図はメルカトル図法で描かれていて，緯線と経線が垂直に交わる地図である。この図法は，赤道を中心にして，南北の極地へ近くなるほど面積が大きく引きのばされるのが欠点である。

(4)赤道は，南アメリカ大陸の北部を通るので，北アメリカ大陸のメキシコは北半球にあるので北緯で表される。また，経度0度の経線である本初子午線は，イギリスのロンドン，アフリカ大陸の西側を通る。本初子午線から，太平洋上のほぼ180度の経線に沿って引かれている日付変更線までの東側を東経，西側を西経とする。メキシコは，本初子午線の西側にあるので，西経で表される。

(5)略地図2は，「中心」からの距離と方位が正しい地図であり，中心以外の点からの距離と方位は正しく表されない。ア…あといの都市は，東京からほぼ10000 kmに位置しているが，この地図では，正確な緯度は分からない。あはアメリカの都市，いはアフリカ大陸西部にある都市であることから，あの都市のほうが高緯度に位置していると判断する。ウ…中心が東京の地図なので，北極からのほかの地点への正確な距離は分からない。

(6)六大陸とは，ユーラシア大陸，アフリカ大陸，オーストラリア大陸，北アメリカ大陸，南アメリカ大陸，南極大陸のこと。Yは，略地図の中心である東京からオーストラリア大陸をこえて，より南にあるので，南極大陸である。南極大陸は，どこの国も所有しないと定められている。

ひっぱると、はずして使えます。

1

(7) **Z** はイギリスのロンドンを示している。東京からロンドンへの最短距離は, **略地図2**で東京とロンドンを直線で結んだルートとなる。**略地図2**で, 直線で結んだルートは, ロシアから中国を通り, 再びロシア, 東経30度のあたりでフィンランド, その後, スウェーデン, ノルウェーを通り, ロンドンに到達する。

> **ミス注意！** (3)緯線の中でもっとも長いのは, 緯度0度の赤道であり, 極方向に近くなるほど短くなる。

2 (1)地球儀は, 地球をほぼ正確に縮めた模型である。テープ **A** は経線に沿って貼られているので, 南北が正確に表される。テープ **A** に対して, テープ **B** は直角に貼り合わせられているので, 東西を正確に表される。**X** は, テープ **A** とテープ **B** の交点よりテープ **B** 上の左側にあるので, 西となる。

(2)① **Y** は, ユーラシア大陸, 北アメリカ大陸にはさまれている。この2つの大陸にはさまれている海洋は, 太平洋と大西洋がある。見分け方は, 日本が西にあるほうが太平洋である。**Y** の西には日本がないので, 大西洋が答えとなる。

②**図2**は北極点を中心に, 経線が12本引かれていることから, 経度間隔は30度。南アメリカ大陸は, 北アメリカ大陸の南にあるが, 経度は北アメリカ大陸の東端を通る西経60度の経線が, ほぼ中央を通っている。

> **絶対暗記**
> ○ **赤道**…緯度0度の緯線。
> ○ **本初子午線**…経度0度の経線。

▶p.9

第2日 日本のすがた

▶p.9

Check

①**オーストラリア大陸**
② 38　　③**領空**
④**排他的経済水域**
⑤**竹島**　　⑥**北方領土**
⑦**尖閣諸島**　⑧**東経135度**
⑨ 15度　⑩ 8時間
⑪ 47　　⑫**沖縄県**

記述問題

日本は海洋に囲まれた海洋国(島国)で, 離島も多いから。

▶p.10〜11

入試実戦テスト

1 (1)**イ**　(2) 200
(3)例沿岸国に海洋資源を利用する権利のある排他的経済水域を失わないようにするため。
(4)**ウ**
2 **い**
3 (1)**D**　(2)**ウ**
(3)**ア・イ・エ**
(4)**エ**　(5) 3

解説

1 (1)日本の東西南北の端の島は, 問われやすいので覚えておこう。北端は, 北方領土の択捉島(北海道), 東端は南鳥島(東京都), 南端は沖ノ鳥島(東京都), 西端は与那国島(沖縄県)。また, 日本固有の領土であるが, 北方領土はロシアに, 竹島(島根県)は韓国にそれぞれ不法占拠されている。尖閣諸島(沖縄県)は, 中国

や台湾が領有権を主張している。
(2)排他的経済水域は，12海里の領海の外側で沿岸から200海里以内の水域。1海里は1852mなので，200海里は，370400m＝370.4km。
(3)沖ノ鳥島は，満潮時には岩礁がわずかに海面より上に出るだけの島。波の侵食でこの島を失うと，日本は広大な排他的経済水域を失ってしまう。日本政府は，島の消失を防ぐため，護岸工事を行った。
(4)日本は，北緯20度〜北緯46度の間に位置する。東京は北緯36度に位置していることから，東北の秋田は北緯40度の緯線と判断する。なお，北緯40度の緯線は，ヨーロッパのギリシャ，イタリア，スペインを通る。ヨーロッパの大部分は，日本より高緯度に位置している。

2 二人の会話から，**A**さんのいる日本は午後8時で，**B**さんのいる都市は午前8時なので，12時間の時差があるとわかる。また，地図から，**あ〜え**の都市は日本よりも西にあるので，日本よりも12時間遅れているとわかる。地球は1日24時間で360度自転するので，360÷24＝15(度)で1時間の時差が生じることから，12時間の時差があるということは，12×15＝180(度)の経度差となる。日本は東経135度の経線を標準時子午線としているので，180−135＝45(度)より，西経45度の都市を選ぶ。この地図は，経線が15度ごとに引かれているので，本初子午線の通る**う**の線より，3本西側の線上にある**い**が解答となる。

3 (1)日本の標準時子午線は東経135度の経線で，兵庫県の明石市を通る。
(2)①の県は岩手県で県庁所在地は盛岡市。②の県は群馬県で県庁所在地は前橋市。③の県は兵庫県で，県庁所在地は神戸市。明石市は兵庫県の都市であるが，日本の標準時子午線である東経135度の経線が通る都市である。④の県は愛媛県で，県庁所在地は松山市。

(3)**資料Ⅰ**にある10個の都道府県のうち，九州地方に含まれる県は福岡県，佐賀県，熊本県である。略地図中，**ア**は福岡県，**イ**は佐賀県，**ウ**は長崎県，**エ**は熊本県，**オ**は大分県，**カ**は宮崎県，**キ**は鹿児島県となる。
(4)近畿地方は，滋賀県，京都府，三重県，奈良県，和歌山県，大阪府，兵庫県の2府5県である。**ア**は中部地方の福井県が入っていて，三重県が入っていない。**イ**は三重県が入っていない。**ウ**は中部地方の愛知県が入っていて，兵庫県が入っていない。
(5)関東地方に属する都道府県は，群馬県，栃木県，茨城県，埼玉県，千葉県，東京都，神奈川県の7都県。このうち，海に面していない県は，群馬県，栃木県，埼玉県の3つである。

▶p.13

Check

①永久凍土 ②タイガ
③地中海性気候 ④オアシス
⑤遊牧 ⑥キリスト教
⑦イスラム教 ⑧仏教
⑨季節風(モンスーン)
⑩経済特区 ⑪プランテーション
⑫ASEAN

記述問題

経済発展がめざましい沿岸部と，経済発展が遅れている内陸部との経済格差をなくすため。

▶p.14〜15

入試実戦テスト

1 (1)例建物からの内部の熱が地面に伝わり，永久凍土が融解して，建物が傾くのを防ぐため。
　(2)ア (3)エ (4)イ・エ

2 (1)①夏 ②モンスーン
　(2)B…X C…Z
　(3)ア (4)イ

解説

1 (1)シベリアは，冷帯(亜寒帯)の地域。冬の寒さが厳しく，短い夏は気温が上がる。また，シベリアには，永久凍土という1年中凍ったまま融解しない土壌が広がっている。

(2)リャマはおもに荷物の運送に，アルパカはおもに毛を刈り，衣服などに利用するために飼育されている動物である。アンデス山脈は低緯度に位置しているが，

標高が高く，高山気候に属するため，年間を通じて気温が低い。標高が高くなるほど気温が下がり，農業に向かない。アはリャマやアルパカの放牧，イはとうもろこしの栽培，ウはかんきつ類や熱帯作物の栽培が行われている。

(3)Xはサウジアラビア。サウジアラビアは国土が乾燥帯に属していて，森林が少なく，木材が得にくいため，日干しレンガで建てられている。アはモンゴルなどで見られるゲルと呼ばれる住居。乾燥帯のなかでもステップ気候では，草を求めて移動する遊牧が行われている。ゲルは移動生活に便利なように，組み立て式の住居となっている。イ・ウは熱帯で見られる高床式の住居の説明。熱帯では降水量が多いため，湿気がこもらないよう床を高くしている。

(4)アは紀元前後にイエスがおこしたキリスト教の説明。ユダヤ教の教典は「旧約聖書」である。イ・エはイスラム教の説明。7世紀にムハンマドがアラビア半島でおこした。教典は「コーラン(クルアーン)」で，1日5回聖地であるメッカの方向に向いて祈りをささげること，豚肉を食べたり酒を飲んだりしないこと，女性は髪や肌を見せないことなど，生活のきまりが定められている。ウはヒンドゥー教の説明である。ヒンドゥー教では，牛を神聖な動物として食べない。信者はほぼインドに限定されているため，民族宗教ともよばれる。

絶対暗記

○ **世界三大宗教**…キリスト教，イスラム教，仏教
○ **キリスト教**…ヨーロッパ州，南北アメリカ州
○ **イスラム教**…西・中央アジア，北アフリカ
○ **仏教**…東南・東アジア

2 (1)季節風(モンスーン)は，夏は海洋から南西の風が吹き，大量の雨をもたらし，冬は大陸から北東の風が吹き乾燥する。アフリカ東岸から南アジアは北東の方向にあるので，南西の風を追い風として航海できる。②のハリケーンとは，おもに北大西洋で発生した熱帯低気圧のうち，最大風速が約33 m/秒以上のものをいう。ハリケーンの被害はアメリカ合衆国のカリフォルニア沿岸などで多い。

> **ミス注意!** 季節風とは，夏と冬で吹く向きが変わる風のこと。夏は海洋から南西の風，冬は大陸から北東の風が吹く。アジア地域の降水量に大きな影響を与える。

(2)Xはヒンドゥー教が多いので，BのインドY はイスラム教が多いのでAのサウジアラビア，Zは仏教が多いのでCのタイと判断できる。

(3)I…Bのインドでは，ベンガルール(バンガロール)を中心にICT(情報通信技術)産業がさかん。もともとイギリスの植民地であったため，英語を話せる人口が多く，理数系の教育水準が高いことがあげられる。また，地理的な条件として，ICT産業の中心であるアメリカ合衆国とほぼ12時間の時差があり，企業が24時間対応できるというメリットがある。
II…インドは自動車の輸出台数では，世界第9位(2018年)，販売台数では世界第5位(2020年)をほこる。

(4)aは2000年代後半に急激に生産が増加していることから，現在「世界の工場」とよばれている中国。bは1980年代にアメリカを上回っており，高い水準での生産が続いていることから日本と判断できる。cとdでは，早くから工業が発達したドイツがcで，dが韓国と判断する。

▶p.17

Check
①サハラ砂漠　②サバナ
③植民地　　④レアメタル
⑤モノカルチャー経済
⑥アパルトヘイト
⑦アフリカ連合(AU)
⑧EU　　　⑨ユーロ
⑩混合農業　⑪地中海式農業

記述問題
大西洋をのぼってくる暖流の北大西洋海流の上空を吹く偏西風が暖かい空気を運んでくるから。
▶p.18～19

入試実戦テスト
1 (1)a　(2)エ　(3)熱帯　(4)ウ
　(5)例国際価格の変動によって収入が不安定になる
2 (1)混合農業
　(2)記号…b　国名…ベルギー
　(3)記号…ウ　語句…ユーロ
　(4)a　(5)イ　(6)エ

解説
1 (1)本初子午線とは，経度0度の経線のこと。イギリスのロンドンを通る。アフリカ大陸では，ギニア湾を通り，緯度0度の緯線である赤道と交差する。

(2)略地図中のAの地点はエジプトのカイロ。ピラミッドの付近は，砂におおわれた砂漠が広がっていることから，乾燥帯のなかでも砂漠気候だと判断する。また，砂漠の中で水が得られる場所をオアシス

5

という。また，エジプトを通るのは，世界最長で，古代にエジプト文明がおこったナイル川である。コンゴ川はアフリカ中央部を通り，ギニア湾に注ぐ河川。

ミス注意！ アフリカ大陸の気候は，赤道を中心にして南北方向に，熱帯→乾燥帯（かんそう）→温帯というように並んでいる。サハラ砂漠は世界最大の砂漠（さばく）で，南側には砂漠化が進むサヘルが広がる。

(3)**略地図**の▊▊▊の部分は，緯度 0 度の緯線である赤道が通る部分。世界を 5 つの気候帯に分けたとき，赤道付近は熱帯の中でも，一年中降水量の多い熱帯雨林気候であり，熱帯林がおいしげっている。

(4)ギニア湾岸のコートジボワールとガーナから，チョコレートの原料となるカカオ豆とわかる。カカオ豆はコートジボワールとガーナの 2 国で，世界の生産量の 5 割以上を占める（2019 年）。**ア**のコーヒー豆はブラジルやベトナム，コロンビアが多い。**イ**のバナナは，エクアドルやグアテマラ，フィリピンなど。**エ**の茶は，ケニア，中国，インドなどで生産量が多い（いずれも 2019 年）。ブラジルのコーヒー豆やフィリピンのバナナ，インドの茶などは，かつてヨーロッパの国々の植民地となったときに開かれた**プランテーション**でつくられている商品作物である。

(5)モノカルチャー経済という特定の輸出品に依存する経済は，国際社会における価格変動の波を受けやすく，価格が下降すると収入が減るという問題がある。安定した収入を確保するためには，輸出品目や工業製品の輸出を増やす必要がある。

絶対暗記

○ **モノカルチャー経済**…単一あるいは少数の鉱産資源や農作物の輸出にたよる経済のこと。アフリカや東南アジア，南アメリカなど，ヨーロッパ人によって開かれたプランテーションが現在も残る地方で見られることが多い。

2 (1)ヨーロッパの農業は，デンマークなどで盛んな酪農，アルプス山脈以北で盛んな**混合農業**，地中海沿岸で行われる**地中海式農業**に分けられる。酪農は，牛などの家畜（かちく）を飼い，牛乳などからチーズやヨーグルトなどの乳製品をつくる農業である。混合農業は，小麦や大麦などの穀物（さいばい）の栽培と家畜の飼育を組み合わせた農業である。混合農業は，フランスなどで行われており，フランスは EU 最大の農業国と呼ばれ，小麦の生産が盛ん。

(2) **a** はイギリス。EU（ヨーロッパ連合）の分担金や移民などの問題から，国民投票を経て，2020 年に EU から離脱した。**b** はベルギー。首都ブリュッセルに EU の本部が置かれている。**c** はフランス。EU 最大の農業国で，EU の中心国の 1 つ。**d** はドイツ。国内にルール工業地域があり，EU 最大の工業国である。フランスとともに，EU の中心国の 1 つである。

(3)EU の共通通貨はユーロである。ただし，すべての加盟国で使用されているわけではなく，デンマークやスウェーデンなど導入していない国もある。

絶対暗記

○ **EU（ヨーロッパ連合）**…政治や経済の統合をめざして作られた地域機構。本部はベルギーのブリュッセル。共通通貨のユーロを導入。2022 年現在，27 か国が加盟。2020 年，イギリスが EU の歴史上初めて離脱（りだつ）した。

初期の加盟国と，2000 年代以降に加盟した東ヨーロッパの国々との経済格差が問題となっている。

(4)イギリスは，北海で油田が発見されたことから，原油の生産量が西ヨーロッパでもっとも多い産油国となった。

(5)cはフランス，eはイタリアを表している。**ア**…ともに地中海に面しており，地中海の沿岸では，乾燥する夏にかんきつ類やオリーブを栽培し，一定量の降水量がある冬に小麦などの穀物を栽培する地中海式農業が行われている。**イ・エ**…ヨーロッパは，北西ヨーロッパのゲルマン語系と南ヨーロッパのラテン語系，東ヨーロッパのスラブ語系の民族に分類される。そのうち，ラテン語系に属するフランスやイタリアでは，カトリックを信仰(しんこう)する人が多い。ゲルマン語系の国ではプロテスタントを信仰する人が多く，スラブ語系ではギリシャ正教やロシア正教などが信仰されている。**ウ**…フランスの南部，イタリアは温帯の地中海性気候，フランスの北部は温帯の西岸海洋性気候に属している。

ミス注意！ **ヨーロッパの農業**

- **酪農**…北ヨーロッパで盛ん。
- **混合農業**…穀類の栽培と家畜の飼育を組み合わせた農業。アルプス山脈以北のヨーロッパで行われている。
- **地中海式農業**…乾燥する夏にかんきつ類やオリーブを栽培し，冬に小麦を栽培する農業。地中海沿岸の国で行われている。

---

(6)**X**側には東ヨーロッパ平原が広がり，**Y**側に高く険しいアルプス山脈があることから考える。

▶p.21

Check

①ヒスパニック　②適地適作
③企業的(きぎょう)な農業　④多国籍(たこくせき)企業
⑤ハイテク(先端(せんたん)技術)産業
⑥スペイン語　⑦地球温暖化
⑧焼畑(やきはた)農業　⑨露天(ろてんぼ)掘り
⑩多文化社会　⑪マオリ

記述問題

温暖な気候の広い土地と豊富な労働力があったから。

▶p.22〜23

入試実戦テスト

1 (1)**A**　(2)シリコンバレー
　(3)①スペイン語
　　②例(カナダ・アメリカ合衆国・メキシコの 3 か国の国は，)貿易協定を結び，経済の面で結びつきを強めている。

2 (1)**W**…例仕事を探す(生活する場所を探す)　**X**…スラム
　(2)**Y**…さとうきび
　　Z…液体バイオ

3 (1)エ
　(2)例 1960 年は，イギリスをはじめ，ヨーロッパの国々が多かったが，2017 年は中国をはじめアジアの国々が増えている。

解説

1 (1)ロッキー山脈のすぐ東側で，西経 100 度線よりも西側にはグレートプレーンズが広がり，その東側で西経 100 度

線付近にプレーリーが広がる。アメリカ合衆国では，西経100度線よりも西側は乾燥しており，東側には一定の降水量がある。Bはミシシッピ川の流れる中央平原で，綿花地帯が広がる。

(2)Dのサンフランシスコ郊外には，ICT(情報通信技術)産業が集まる地域があり，半導体産業などの企業が集まっていることから，シリコンバレーとよばれる。

(3)①アメリカは多くの移民からなる多民族国家である。スペイン語を話す中南米からのヒスパニック，ICT産業を担う人が多いアジア系などの人種の割合が増加している。先住民のネイティブアメリカンや，ヨーロッパ系，アフリカ大陸から労働力として連れてこられたアフリカ系など，多くの民族が混在している。

②カナダ・アメリカ合衆国・メキシコの3か国は，2018年にNAFTA(北米自由貿易協定)を抜本的に見直し，発展させた米国・メキシコ・カナダ協定(USMCA)を2020年に発効させた。

2 (1)ブラジルは，BRICS(ブラジル，ロシア，インド，中国，南アフリカ共和国)の1か国で，近年，経済が目覚ましく発展している。都市で急激な経済発展が進むと，農村から仕事を求めて人々が集まってくるが，急な人口増加に都市の環境整備が追い付かず，スラムとよばれる生活環境の悪い地域が形成された。

(2)ブラジルでは燃料の原料とするために生産されている農作物で，日本では気温の高い沖縄県と鹿児島県でしか栽培されていないことから，さとうきびと判断する。さとうきびやとうもろこしなどの農作物から作られる燃料を液体バイオ燃料(バイオエタノール)という。燃やすときに排出される二酸化炭素は，さとうきびが先に光合成の働きで二酸化炭素を吸収したものであるから，地球環境に優しい燃料とされている。しかし，ブラジル南部では液体バイオ燃料用のさとうきびの栽培を増やすため，大規模な開発が進んでいて，熱帯林の減少が問題である。また，燃料用のさとうきびの栽培が増えて食用の砂糖の生産が減少すると，食用の砂糖の価格が上がることが心配される。

3 (1)オーストラリアは鉱産資源が豊富な国。アは鉄鉱石，イはアルミニウムの原料となるボーキサイト，ウは金，エは石炭の産出地である。先進国の中では鉱産資源の輸出が多いのが特徴である。

(2)オーストラリアはかつてイギリスの植民地であり，現在もイギリス連邦の一員である。また，1970年代まで白豪主義と呼ばれる，ヨーロッパ以外からの移民

を制限する政策を行っていたため，貿易ではヨーロッパの国々との関係が深かったが，白豪主義の廃止以降，距離が近いアジアとのつながりが深くなった。

第6日 地域調査の手法

▶p.25

Check

①国土地理院　②小さい
③畑・牧草地　④果樹園
⑤茶畑　　⑥針葉樹林　⑦病院
⑧警察署　⑨高等学校　⑩寺院
⑪市役所(東京都の区役所)
⑫三角点　⑬分母

記述問題

間隔が狭くなるほど傾斜が急になる。

▶p.26〜27

入試実戦テスト

1 (1)ア　(2)c，河岸段丘
2 エ
3 X…西南西　Y…2.25
4 ①正　②誤　③誤

解説

1 (1)縮尺2万5千分の1の地形図の等高線は，計曲線(太線)が標高差50mごとに(50, 100, 150m, …)，主曲線(細線)が標高差10mごとに(10, 20, 30m…)引かれるので，あ地点とい地点の標高は，それぞれ220mと140mである。
(2)A地点から標高差50数mほどの急

傾斜地を下り，続いてほとんど平坦なところを全体として下る。そして，最後にまた標高差40数mほどの急傾斜地を下ってB地点に至る。

a．初めの急傾斜地がややなだらかであり，次のほとんど平坦なところの最後あたりがわずかに上り傾斜になっている。
b．A地点よりもB地点の標高が高い。
d．ほとんど平坦なところが，かすかな上り傾斜から明らかな下り傾斜に変わり，そして，少し上るが終わりの下り急傾斜地がない。

ミス注意！ 等高線の間隔
- ●等高線の間隔が狭い…土地の傾斜が急である。
- ●等高線の間隔が広い…土地の傾斜がなだらか。

2 **ア**．この場合は，萩橋を渡って左の広い道をまっすぐ進んでいる。萩橋を渡って右の広い道をまっすぐに進まなければ「最短ルート」にはならない。
イ．この場合は，川沿いに進むと工場の地図記号が見え，灯台も見えてくるが，これでは「最短ルート」にならない。
ウ．この場合は，萩橋を渡って右の広い道を進むのはよいが，◎(市役所)は正面の方向にはない。市役所の間近まで行けば，ずいぶんと遠回りになる。
エ．この場合の通り，左右に卍(寺院)の地図記号が見えるので正しい。

ミス注意！ 混同しやすい地図記号
- ●交番と警察署
  →交番はX，警察署は⊗
- ●町・村役場と市役所
  →町・村役場は〇(政令指定都市の区役所も同じ)，市役所は◎(東京都の区役所も同じ)

● 小・中学校と高等学校
　→小・中学校は文，
　　高等学校は⊗
● 果樹園と広葉樹林
　→果樹園は〔˙˙˙〕，広葉樹林は〔Q°Q〕
● 田と荒れ地
　→田は〔ııⅡı〕，荒れ地は〔ıı˙ıı〕
● 博物館（美術館）と図書館
　→博物館（美術館）は血，
　　図書館は📖

3 X. 通常，地形図は北が上になるように描（えが）かれている。つまり，東は右，南は下，西は左となる。広島駅は地図中の右上にある。原爆ドームは地図の左の真ん中あたりにある。西と南の間の西南よりも西側に近いので，十六方位でいうところの西南西が解答となる。

Y. この地形図は，2万5千分の1地形図なので，地形図上9cmの距離は，実際は
9 cm×25000＝225000 cm＝2250 m＝2.25 km となる。

絶対暗記

○ **十六方位**

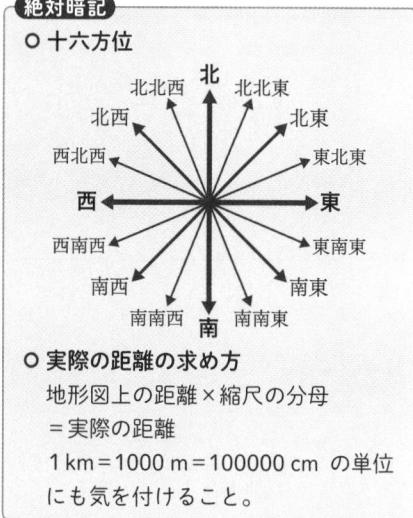

○ **実際の距離の求め方**
地形図上の距離×縮尺の分母
＝実際の距離
1 km＝1000 m＝100000 cm の単位にも気を付けること。

4 (1)① 南海士（みなみあまつ），浪花（なにわ）団地は，地形図の南側にある。その南（下）側には，果樹園の

地図記号がある。
② 鳥取砂丘のトンネルの周辺には，畑が広がっている。
③ 郵便局から直線距離で1km以内とは，地形図上に目印で300mの長さがかかれているので，目安とする。

第7日　日本の地域的特色 ①
—自然環境, 人口, 資源・エネルギー—

▶p.29

Check
① 扇状地（せんじょうち）　　② 三角州（す）
③ 季節風（モンスーン）
④ 防災マップ（ハザードマップ）
⑤ 少子高齢化　⑥ 人口密度
⑦ 過密　　　　⑧ 過疎（かそ）
⑨ 地球温暖化
⑩ 再生可能エネルギー
⑪ リサイクル

記述問題
流れが急で，河口までの距離（きょり）が短い。
▶p.30〜31

入試実戦テスト
1 (1) Ⅰ…誤　Ⅱ…誤
　(2) エ　(3) イ
　(4) 例 太平洋沖を南下する寒流の千島海流（親潮（おやしお））と北上する暖流の日本海流（黒潮（くろしお））がぶつかる潮目（潮境）となっているから。
2 (1) ウ　(2) エ
3 (1) 地熱
　(2) X…原子力発電所
　　　Y…火力発電所
　　　Z…水力発電所

1 (1)Ⅰ−**フォッサマグナ**とは，日本列島の中央部を南北に走る**大地溝帯**。西縁は糸魚川静岡構造線であるが，東縁は不明。フォッサマグナのすぐ西側には，3000 m級の山々である山脈が，北から飛驒山脈，木曽山脈，赤石山脈が連なっている。飛驒・木曽・赤石の３つの山脈は，合わせて**日本アルプス**ともよばれる。

Ⅱ−フォッサマグナを境にして，東側の東北日本では山脈・山地が南北に走り，西側の西南日本では山脈・山地が東西に走る。

(2)**資料**の**X**はユーラシア大陸，**P**と**Q**の間の海は日本海，**Q**と**R**の陸地は日本列島，**R**の右側の海は太平洋を表している。季節風は，冬は大陸から乾燥した北西の風が吹き，夏は海洋から湿った南東の風が吹くことから，季節は冬と判断できる。ユーラシア大陸を吹いている**P**のときは，冬の季節風なので乾いている。日本海をこえる**Q**のときに湿った風となり，日本海側に降雪をもたらす。中央の山を越えると，**R**は乾燥した風となり，太平洋側の冬は降水量が少なくなる。

ミス注意！ 日本の季節風の向き

● 冬…大陸から吹く北西の風。日本海側に大量の雪をもたらす。
● 夏…海洋から吹く南東の風。太平洋側に多量の降水量をもたらす。

(3) **あ**は新潟県にある都市なので，日本海側の気候，**い**は群馬県にある都市で内陸性(中央高地)の気候，**う**は高知にある都市で太平洋側の気候，**え**は沖縄県にあるので南西諸島の気候に属する。**ア**は年間を通じて降水量が多く，年平均気温もほかの３つの雨温図よりも高いので，南西諸島の気候と判断できるので**え**。**イ**

は夏の降水量が多く，**ア**に次いで平均気温が高いことから，太平洋側の気候と判断して**う**となる。**ウ**は年間を通じて降水量が少ないことから，内陸性(中央高地)の気候だと判断できるので，**い**があてはまる。残る**エ**は，冬の降水量が多いことから日本海側の気候と判断できるので，**あ**のグラフとなる。

絶対暗記

日本の気候

○ **北海道の気候**…冷帯(亜寒帯)。冬の寒さが厳しい。
○ **日本海側の気候**…冬の降水量が多い。
○ **太平洋側の気候**…夏の降水量が多い。
○ **内陸性(中央高地)の気候**…年間を通じて降水量が少なく，夏でも涼しい。
○ **瀬戸内の気候**…年間を通じて降水量が少なく，比較的温暖。
○ **南西諸島の気候**…亜熱帯。

(4)日本列島の周りには，４つの海流が流れている。低緯度地域から北上する暖流は，日本海を流れる対馬海流，太平洋側を流れる日本海流(黒潮)。高緯度地方から南下する寒流は，日本海側を流れるリマン海流，太平洋側を流れる千島海流(親潮)。このうち，太平洋側を流れる日本海流(黒潮)と千島海流(親潮)は，東北地方の三陸海岸沖でぶつかる潮目(潮境)となっており，好漁場となっている。

2 (1)東北地方，関東地方，中部地方，近畿地方のうち，首都圏，名古屋大都市圏，大阪大都市圏の三大都市圏のいずれも含まないのは東北地方である。**エ**は人口も少なく，人口密度も低いので，東北地方と判断できる。**ア**は**ア〜エ**のうち，もっとも人口が多く，人口密度も高いので，

首都圏が含まれる関東地方である。残る**イ**と**ウ**では，人口がほぼ変わらず，人口密度が**イ**のほうが高いので，**イ**は近畿地方，**ウ**は中部地方と判断する。

(2)三大都市圏は，東京大都市圏，名古屋大都市圏，大阪大都市圏の中心都市は，東京，名古屋，大阪である。**エ**の福岡市は，九州地方の地方中枢都市である。大都市圏では過密により，住宅不足や騒音，交通渋滞などの問題が起こっている一方，東北地方や中国・四国地方などの山間部や離島では過疎が進み，病院の閉鎖や鉄道の廃線など，社会生活の維持が難しくなっている地域も多い。

絶対暗記
- 過密…大都市圏。通勤時のラッシュアワーや交通渋滞，騒音などの問題。
- 過疎…地方，山間部や離島。人口の流出により，病院や学校の閉鎖，鉄道の廃線など社会生活の維持が困難になっている地域もある。

3 (1)**再生可能エネルギー**とは，自然環境の中で，何度も繰り返して使えるエネルギーのこと。太陽光，地熱，風力，バイオマスなどがある。大分県には，地熱発電所の八丁原発電所がある。
(2)**X**は，若狭湾周辺に多いこと，沿岸部にあり，大都市から離れてつくられていることから原子力発電所。東日本大震災のときの福島第一原子力発電所の事故を受けて，安全性に課題があるとして，動

かせていない発電所も多い。**Y**は，都市に近い沿岸部に立地していることから火力発電所。**Z**は，内陸部にあることから，ダムに水をためて発電を行う水力発電所だと判断する。

絶対暗記
発電の特徴
- 火力発電…石油や石炭を使用する。安定した供給量が得られるが，温室効果ガスの排出が多い。
- 原子力発電…発電時に二酸化炭素は出さないが，発電後に残る放射性廃棄物の安全性に課題が残る。

第**8**日 **日本の地域的特色 ②**
　　　　　　―産業・交通・通信―

▶p.33

Check
①加工貿易　　②ICT
③先端技術(産業)
④中京工業地帯　⑤促成栽培
⑥抑制栽培　　⑦食料自給率
⑧育てる漁業　⑨第三次産業
⑩高速交通網　⑪新幹線
⑫ハブ空港

記述問題
企業が生産の拠点となる工場を海外に移すことで，国内の製造業がおとろえる現象。
▶p.34〜35

入試実戦テスト
1 (1)記号…D　県名…福岡県
(2)**イ**　(3)**ウ**　(4)栽培漁業
(5)①稲作(米作)　②近郊農業
2 (1)**ア**　(2)**ウ**

1 (1) **A** は東北地方の岩手県，**B** は東北地方の福島県，**C** は中部地方（北陸地方）の石川県，**D** は九州地方の福岡県。太平洋ベルトは，北九州から関東地方の太平洋沿岸にかけてのびる，戦前からの工業地帯や 1960 年代以降に発達した工業地域が連なる地帯のこと。東北地方，北陸地方は含まれない。近年，高速交通網の整備などで，東北地方でもとくに福島県には機械工場が進出したり，北陸地方でも工業地域が形成されたりしている。

(2) **ア～ウ**のグラフ中，もっとも工業出荷額が大きい**ウ**が，三大工業地帯のひとつに数えられる京浜工業地帯。残る**ア**と**イ**では，機械工業の割合が高い**イ**が北関東工業地域とわかる。**ア**は化学工業の割合が高いことから京葉工業地域。千葉県の東京湾沿岸にある京葉工業地域は，石油化学コンビナートが連なり，化学工業が盛ん。北関東工業地域は，内陸部にあるので，京葉工業地域のように化学工業の原料の輸入や輸出に不便であるが，高速交通網の発達により，機械部品の工場などが進出して形成された。

絶対暗記

○ **太平洋ベルト**…北九州から関東地方の太平洋沿岸部にのびる工業地域。日本の工業の中心。

○ **三大工業地帯**…東京を中心とした京浜工業地帯，愛知県を中心とした中京工業地帯，大阪府を中心とした阪神工業地帯のこと。

○ **中京工業地帯**…日本でもっとも工業生産額が多く，自動車工業が盛ん。機械工業の割合が高い。

(3) **X** と **Y** は足した割合が増加しているので重工業，**Z** は割合が減少していることから軽工業の繊維となる。**X** と **Y** では，

近年，日本では中京工業地帯に代表される自動車工業などが発展したことから，割合が増加した **Y** が機械工業と判断する。

(4) 漁業は，「とる漁業」と「育てる漁業」に分けられる。「とる漁業」は，遠洋漁業，沖合漁業，沿岸漁業などで，「育てる漁業」は養殖業，栽培漁業がある。稚貝や稚魚を放流して沿岸の漁業資源を増やそうとするのは栽培漁業で，大きくなるまでいけすなどで育てて出荷するのが養殖業である。近年，世界各国の排他的経済水域の設定や，海洋資源の減少により，遠洋漁業や沖合漁業の漁獲量が減少しているため，育てる漁業への転換がはかられている。

ミス注意！ 育てる漁業

● **養殖業（養殖漁業）**…稚魚をいけすなどで大きくなるまで飼育し，出荷する漁業。

● **栽培漁業**…人工的にふ化させて放流したり，海底に魚が集まるような漁場をつくったりして，沿岸の漁業資源を増やす漁業。
　→栽培漁業は海に放流するが，養殖業では放流はしない。

(5) 東北地方は，とくに秋田県や山形県で米の生産が多くなっており，日本の穀倉地帯とよばれる。関東地方では，千葉県や茨城県などで，首都圏への近さを生かした近郊農業が盛んである。

絶対暗記

日本の農業

○ **近郊農業**…大都市の近くで，新鮮な野菜や花きなど育て，近くの大都市の市場に出荷する農業。

○ **施設園芸農業**…ビニルハウスなどの施設を使って，野菜や花きなどを栽培する農業。

気候を利用した農業

- ○ **促成栽培**…暖かい気候を利用して，普通よりも早い時期に栽培する。高知平野や宮崎平野で盛ん。
- ○ **抑制栽培**…夏でも涼しい気候を利用して，普通よりも時期を遅らせて栽培する。群馬県の嬬恋村や長野県の八ヶ岳山麓やその付近の野辺山原などで盛ん。

2 (1)横浜港をみると，**X**と**Y**では，**X**は自動車，自動車部品で，**Y**は石油や液化ガスなどの鉱産資源となっており，日本は鉱産資源のとぼしい国で鉱産資源のほとんどを輸入にたよっていることから，**X**は輸出，**Y**は輸入を示しているとわかる。また，成田国際空港は，カメラ・レンズなどの科学光学機器や医薬品など，横浜港に比べて重量の軽いものが運ばれていることがわかる。

絶対暗記

輸送手段と輸送されるもの

- ○ **船舶**…重量の重い，石油などの鉱産資源や，自動車などの工業製品。一度に大量に運ぶことができるが，時間がかかるのが欠点。
- ○ **飛行機**…重量が軽くて，高価なもの。時間は早いが輸送費が高くなるのが欠点。
- ○ **自動車**…国内輸送で，送りたい場所に直接運ぶことができる。温室効果ガスの排出が多いのが欠点。

(2)2000年代に入ってから急速に普及したのがインターネット（**イ**）である。スマートフォンは，パソコン（**ア**）よりもあとに普及しているので，**ウ**が解答となる。インターネットの普及，スマートフォンの普及により，情報化が一気に進んだ。

▶ p.37

Check

① カルデラ　② 地熱発電
③ 水俣病　④ 山陰地方
⑤ 瀬戸大橋　⑥ 過疎
⑦ ニュータウン　⑧ 中小工場
⑨ 日本アルプス　⑩ 東海地方
⑪ 園芸農業　⑫ 遠洋漁業
⑬ 高原野菜　⑭ 伝統工業

記述問題

シラスは火山灰で水持ちが悪いため稲作には適さなかったため。

▶ p.38〜39

入試実戦テスト

1 (1)**イ**
(2)例冬の季節風は中国山地にさえぎられ，夏の季節風は四国山地にさえぎられるため。
(3)果実…みかん　記号…A
(4)**ア**

2 (1)**ア**
(2)P…商品販売額
　Q…農業生産額
　R…工業生産額

3 (1)**ア**
(2)例季節風の影響で冬に降雪が多いことから，冬の副業として発達したから。

解説

1 (1)②は大豆の収穫量が0で，宿泊旅行者数の観光での人数がもっとも多いことから沖縄県。③は金属製品出荷額等がも

っとも多く，出張・業務での宿泊旅行者数がもっとも多いので，九州地方の地方中枢都市であり，北九州工業地域がある福岡県。残る①と④では，食用鶏の産出額が高い④が，シラス台地で畜産が盛んな宮崎県と判断でき，残った①が佐賀県となる。

(2)中国山地北側の山陰地方は，冬の季節風の影響で降雪が多い。四国山地南側の南四国は，夏の季節風の影響で降水量が多い。その間の瀬戸内地方は，季節風が中国山地と四国山地にさえぎられるため，年間を通じて降水量が少ない。そのため，讃岐平野(香川県)では，農業用水などを確保するため，ため池が整備された。

(3)和歌山県，静岡県，熊本県が上位であるため，みかんの生産割合である。和歌

山県は果実の生産がさかんで，梅やかきの生産量も日本一である。また，A〜Dは四国地方の県で，Aは愛媛県，Bは高知県，Cは香川県，Dは徳島県。このうち，みかんの生産が盛んな県はAの愛媛県。暖かい気候と日当たりの良い山の斜面を利用してかんきつ類を栽培している。

(4)Xは島根県，Yは京都府，Zは愛知県である。農林水産業の多い**ウ**が島根県，製造業の多い**ア**が，中京工業地帯がある愛知県，宿泊・飲食サービス業の割合が高い**イ**が，古都であり，観光業がさかんな京都府と判断できる。

2 (1)紀伊山地は日本でも有数の降水量が多い地域であり，林業がさかん。**イ**の九条ねぎ，**ウ**の加茂なすは京都府の伝統野菜である。**エ**の木曽ひのきは，中部地方の木曽山脈でとれる特産物である。

(2)Aは滋賀県，Bは兵庫県，Cは奈良県，Dは和歌山県である。Pは大阪府が次のB(兵庫県)の3倍以上もある。大阪府は，近畿地方の地方中枢都市で，人口が集中していることから，商品販売額と判断する。次に，Rは阪神工業地帯に属する大阪府とB(兵庫県)，中京工業地帯に属する三重県が多いことから，工業生産額と判断できる。残るQは農業生産額となる。三重県は名古屋市に近く，兵庫県は大阪市に近い利点を生かして，近郊農業がさ

かん。また，兵庫県は但馬牛などの地域ブランドがあり，畜産もさかんである。

3 (1)国内製品の出荷額は，2010年から2011年までは増加しているが，2011年以降は減少している。一方，海外製品の輸入額は，2010年以降は増加しており，2013年には，国内製品の出荷額を上回っている。

(2)**資料2**から鯖江市の属する北陸地方は，日本海側の気候に属し，冬は季節風の影響で降雪が多いことがわかる。冬は降雪のため，農作業ができないので，副業として**地場産業**が発達した。

ミス注意！ 伝統産業と地場産業

● **地場産業**…地元でとれる材料などを使って特産物をつくる産業。鯖江市の眼鏡フレームや，新潟県燕市の洋食器の生産など。
● **伝統産業**…国に指定された伝統的工芸品をつくる産業。

絶対暗記

中部地方の特徴

○ **東海地方**…中部地方の太平洋側の地域。中京工業地帯や東海工業地域があり，工業が発達。渥美半島では電照による菊の抑制栽培が行われている。静岡県の山の斜面では，みかんや茶などの栽培。

○ **中央高地**…山梨県，長野県，岐阜県の北部。工業は精密機械工業が発達。盆地では，ぶどうやもも，りんごなどの果樹栽培がさかん。高冷地では，レタスやキャベツなどの高原野菜の栽培。

○ **北陸地方**…水田単作地帯で，日本の穀倉地帯である。降雪のため冬に農作業ができない間，副業として地場産業や伝統産業が発達した。

▶p.41

Check
①京浜工業地帯　②成田国際空港
③京葉工業地域　④ターミナル駅
⑤ヒートアイランド現象
⑥やませ　　　　⑦伝統的工芸品
⑧東日本大震災　⑨濃霧
⑩アイヌ　　　　⑪流氷
⑫エコツーリズム

記述問題

東京の一極集中を防ぎ，都市機能を分散させるため。

▶p.42〜43

入試実戦テスト

1 (1)P…ア　Q…ウ
(2)例石油などの原料を輸入するのに便利だから。
(3)①ウ　②ア　③イ
(4)例高速道路が整備されていることで，効率的に製品の輸送ができるため。

2 (1)ア
(2)P…リアス海岸　Q…養殖
(3)エ　(4)エ

解説

1 (1)群馬県は，北関東工業地域に含まれるので，自動車など機械工業が盛ん。千葉県の東京湾沿岸には京葉工業地域が広がり，化学工業が盛ん。よって，**P**は輸送用機械，**Q**は石油・石炭製品と考えられる。選択肢の**エ**の印刷は，首都である東京都で国内・海外のさまざまな情報が

集まることから，出版業などの情報通信業が盛ん。**オ**のパルプ・紙は，東海工業地域の富士市や富士宮市（ともに静岡県），北海道の苫小牧市などで盛ん。

(2) **Q**の工場は，石油・石炭製品を扱う工場である。工業原料の石油や石炭は重量が重いので，船で輸入することから，沿岸部に立地している。

(3)昼夜間人口比率は，「昼間人口÷夜間人口×100」で求められる。昼間人口が多い都市は100%を超え，夜間人口のほうが多い都市は100%を下回る。茨城県，埼玉県，東京都のうち，東京都は通勤や通学のために人が周辺の県から通ってくるため，昼夜間人口比率が100を超える。**ア～ウ**の中で，昼夜間人口比率が100を超えているのは**イ**だけなので，**イ**が東京都となる。**ア**と**ウ**では，昼夜間人口比率の割合がもっとも低い**ア**が，東京都に隣接している埼玉県，あまり割合の変化がない**ウ**が茨城県と考えられる。埼玉県と茨城県と比べたとき，東京からより離れた茨城県では人口が減少しており，65歳以上の人口の割合も，埼玉県より高く，高齢化が進んでいることがわかる。

(4)群馬県太田市は内陸部に位置する北関東工業地域に含まれる。日本の工業は，1960年代以降，北九州から関東地方までの太平洋側の沿岸部の**太平洋ベルト**とよばれる地域で発達した。石油化学コンビナートや鉄鋼などの生産に，鉄鉱石や石油，石炭などの鉱産資源が必要で，船舶での輸入に適していたからである。近年，鉄鋼業などの金属工業よりも，自動

車などの輸送機械工業や，半導体などの機械工業が発達してきた。内陸部にまで，高速交通網が整備されると，トラックなどで輸送が可能な自動車部品の工場や半導体工場が内陸部に進出し，工業地域が形成された。ただし，世界の半導体の総生産額に占める日本メーカーの割合は年々低下してきている。

2 (1)東北地方の太平洋側には，寒流である千島海流（親潮）と，暖流である日本海流（黒潮）がぶつかる潮目（潮境）がある。**やませ**とは，夏に千島海流（親潮）の上を吹いてくる風のことで，東北地方の太平洋側の県では，やませが吹くと冷夏になり，農作物の生長が悪くなる**冷害**がおこることがある。

七夕まつりが行われるのは，東北地方の地方中枢都市である仙台市である。東北地方では，農業と結びついた豊作を祈る祭りが各地で行われている。青森県ではねぶた祭，秋田県は竿燈まつり，山形県では花笠まつりなどが有名。また，重要無形民俗文化財や国連教育科学文化機関（UNESCO）の無形文化遺産に指定さ

れている，男鹿半島の「なまはげ」など
の伝統行事も残っている。

(2)**三陸海岸**の南部は，山地や丘陵地が海に沈んだことから，出入りが複雑な海岸地形である**リアス海岸**が見られる。リアス海岸では，入り組んだ湾内は波が静かなことから，養殖業が盛ん。三陸海岸ではこんぶ，わかめ，かき，ほたて貝などが養殖されている。また，よく混同しやすい**フィヨルド**とは，北ヨーロッパのスカンディナビア半島で見られる，氷河が削ってつくられた谷に海水が侵入してできる，奥行きの深い湾のことである。

(3)内陸部の高速道路沿線につくられた工場での生産品は，トラックでの輸送が可能な工業製品であることから，半導体とわかる。鉄鋼や船舶は重量がある工業製品のため，石油化学製品は石油などの重い鉱産資源を原料とするため，工場は沿岸部につくられている。

(4)Aは石狩平野。もともと泥炭地であったが，客土とよばれる方法で土地改良を進め，日本を代表する稲作地帯となった。Bは知床半島。多様な生態系が見られることから，2005年に国連教育科学文化機関（UNESCO）の世界自然遺産に登録された。Cは北方領土の中の1つである択捉島。もともと日本固有の領土であるが，ソ連に不法占拠され，ソ連崩壊後から現在にいたるまでロシアが不法占拠し

続けている。Dはカムチャツカ半島と樺太の真ん中あたりで，日本の排他的経済水域ではない。

総仕上げテスト

▶p.44〜47

1 (1)太平洋　(2)本初子午線　(3)**ウ**
　(4)c → b → a → d　(5)**エ**　(6)**エ**

2 (1)例工業が発達しているドイツに仕事を求めて移住するから。
　(2)記号…B
　理由…例ナイジェリアは輸出総額に占める原油の割合が大きいため，原油価格の下落に合わせて，国内総生産も下落すると考えられるから。

3 (1)**ア**　(2)**ア→ウ→イ**
　(3)X…京浜工業地帯
　　Y…中京工業地帯
　　Z…阪神工業地帯
　(4)①**イ**　②**ウ**

4 (1)例豚肉の品質が保証されることで，消費者に選ばれやすくなるから。
　(2)**ウ**

(3)**例**農家一戸あたりの耕地面積
が広く，**大型機械を使ってい**
る。

解　説

1 (1)**A** はオーストラリア大陸，**B** は北
アメリカ大陸，**C** は南アメリカ大陸であ
る。これらの３つの大陸に囲まれている
のは，三大洋のうち，もっとも面積が広
い太平洋である。

(2)経線とは，北極点と南極点を結んだた
ての線のこと。経度０度の経線のことを
本初子午線といい，世界の時間の基準と
されている。

(3)日本からもっとも遠いということは，
対蹠点のある地域を選ぶ。対蹠点とは，
ある地点の地球の反対側の地点のこと。
日本は北緯 20 度〜 46 度，東経 122 度
〜 154 度に位置している。地球の反対
側は，経度の場合，日本の経度から 180
度を引いたマイナスの数字をプラスにし
たものが経度となり，必ず西経である。
緯度については，北緯を南緯にすればよ
い。この場合，日本の対蹠点は，西経で
南緯に位置するので，解答は**ウ**となる。

(4)経度差が 15 度ごとに１時間の時差が
生じるため，経度差が小さいほど時差が
小さくなる。経度差は，日本より西側で
同じ東経の場合は日本の標準時子午線で
ある東経 135 度から，ある地点の経度
を引くことで求められる。西経の場合は，
135 度に西経の経度を足すことで求めら
れる。太平洋のほぼ真ん中の経度 180
度線にほぼ沿った形で日付変更線が引か
れており，この線よりも東側で本初子午
線よりも西側が西経となる。

(5)仏教が 94.6％を占める **y** は東南アジ
アにあるタイである。**x** と **z** のうち，キ
リスト教の割合が高い **x** がドイツ，**z** が

韓国と判断する。

(6)　　　　はアフリカ大陸の熱帯気候に属
する地域である。熱帯では，いも類が主
食とされることが多い。

2 (1)**A** はルーマニア，**B** はポーランド，
C はブルガリア，**D** はクロアチアである。
１人あたりの工業出荷額をみると，**A** 〜
D の国々は 5000 ドル以上であるが，一
方，ドイツは 20000 ドル以上であり，
経済が **A** 〜 **D** の国々よりも発達してい
ることがわかる。**A** 〜 **D**，ドイツのすべ
ての国が EU 加盟国であるが，**A** 〜 **D** の
国々は，東ヨーロッパにあり，初期の加
盟国である西ヨーロッパの国々との経済
格差の解消が課題となっている。

(2)ナイジェリアとインドネシアの輸出額
上位６品目を見ると，ナイジェリアは原
油が 80％を超えており，**モノカルチャ**
ー経済であるとわかる。インドネシアは，
石炭がもっとも多いが，機械類や自動車，
鉄鋼などの工業製品も多い。**資料２**の国
内総生産を見ると，**A** は少しのびている
が，**B** は下降している。原油価格が下降
していることから，石油の輸出に依存し
ているナイジェリアの国内総生産が下が
っていると考えられるので，**B** となる。

3 (1)**ア**は円グラフ，**イ**は折れ線グラフ，
ウは棒グラフである。**ア**の円グラフは割
合を示すのに適している。**イ**の折れ線グ
ラフは，１つのことがらの数値の変化を
表すのに適している。**ウ**の棒グラフは，
いくつかの数値の量を比べるときに適し
ている。設問では「沖縄を訪れた外国人
旅行者の国・地域別の割合」を示したい
ので，**ア**の円グラフが適切である。

(2)**ア**は 1920 年の富士山型の人口ピラ
ミッド，**イ**は 2020 年のつぼ型の人口ピ
ラミッド，**ウ**は 1980 年のつりがね型の人
口ピラミッドである。一般的に，社会の
発展とともに，富士山型→つりがね型→

つぼ型に移行する。つぼ型は，高齢者の人口の割合が高く，子どもの数が少ない少子高齢化が進んだグラフである。

人口ピラミッド
- **富士山型**…多産多死。発展途上国に多い。人口は増加。
- **つりがね型**…富士山型からつぼ型への移行時期に見られる。人口は微増か変化なし。
- **つぼ型**…少産少死。経済が発展した国で見られる。日本は先進工業国の中でも，とくに少子高齢化が進んだ国である。

(4)**ア**の近郊農業は，大都市など消費地の近くで，新鮮な野菜や花きなどを出荷する農業のこと。日本では，東京都に近い千葉県，茨城県，愛知県，大阪府に近い兵庫県などで盛ん。**イ**の促成栽培は，暖かい気候を利用して，ほかの産地の出荷する時期よりも早く栽培する農業のこと。宮崎平野や高知平野で盛ん。**ウ**の抑制栽培は，涼しい気候を利用して，ほかの産地の出荷する時期よりも遅く栽培する農業のこと。長野県や群馬県の高原野菜の栽培がこれにあたる。**エ**の酪農は，乳牛などを飼育し，チーズやバターなどの乳製品をつくる農業。北海道の根釧台地で盛ん。②の夜間に電灯の光をあてて生長を調整する電照菊は，一定期間，電灯をあてて日が長いとして，開花時期を遅らせる抑制栽培にあたる。通常，夏や秋に咲く菊を，冬から春にかけて出荷する。

4 (1)日本の国内の農産物は，輸入農産物に比べて，コストがかかっていることから，価格が高い傾向を示している。安い輸入農産物に対抗するためには，地域ブランドとよばれる農産物をつくる必要がある。地域ブランドとは，商品やサービスだけではなく地域そのものの価値を高め，消費者が商品やサービスを購入してくれる意欲を高めることが目的である。
(2)**ア**の東京都へ通勤・通学する人口は，神奈川県は 106.9 万人，埼玉県は 93.6 万人なので，神奈川県のほうが多いので○。**イ**の千葉県の，東京都へ通勤・通学する人口は 71.7 万人で，千葉県の人口は 628.7 万人なので，11.4 ％ となり○。**ウ**の茨城県，埼玉県，神奈川県のうち，各県の人口に占める東京都への通勤・通学する人口の割合は，茨城県は 2.3 ％，埼玉県は 12.7 ％，神奈川県は 11.6 ％ となり，埼玉県がもっとも高くなるので×。**エ**の埼玉県，千葉県，神奈川県から東京都へ通勤・通学する人口の合計は 272.2 万人となり，茨城県，栃木県，群馬県から東京都へ通勤・通学する人口は 9.8 万人で，約 28 倍となるため○である。
(3)農家一戸あたりの耕地面積は，北海道は全国平均の 10 倍以上なのが，グラフから読み取れる。広大な耕地を，大型の農業機械を使って，効率的に行っていると考えられる。